ちくま新書

転職のまえに

――ノンエリートのキャリアの活かし方

中沢孝夫
Nakazawa Takao

1351

転職のまえに——ノンエリートのキャリアの活かし方【目次】

第三章　さまざまな職場の仕事のタイプを考える

はじめに——人生の後半戦に向けて何をすべきか

†投資をするなら自分にせよ

かつて転職市場では「三五歳の壁」ということが言われていた。しかし今、四〇代〜五〇代の転職者が増えているという。書店に行っても、さまざまな「転職」や「転換」に関する本が並んでいるが、その想定読者の中心は四〇代である。

確かに勤続二〇年前後は仕事と人生の一つの山場である。いわば転換期なのである。二〇年以上働き、自分の持ち場だけではなく、仕事の全体の流れや、意味が見え、自己の判断（裁量）で物事を決め、しかるべき結果が出るような立場になると、同時に自分の限界や、先行きもなんとなく見えてくる。

職場の先輩の現在のありようを見て数年先の自分が予測できたり、同期やその周辺と比較して自分の限界が見えたり、あるいは不満が生じてきたりする。つまり、自分の近未来が見えるようになるので、「これでよいのか」「このままで終わってよいのだろうか」といった〝心の揺れ〟が始まるのである。

自分の仕事の未来（将来）と、定年後（老後）をどうしようか、という分岐点であるかのようにも思えたりする。街に出かけると、自己啓発本が山積みされていて、また新聞や雑誌には豊かな老後のためのセミナーなどの開催の呼びかけが溢れている。そして「定年本（老後本）」は、しきりに不安を煽る。住宅ローン、教育費、老親の介護、老後の準備……といった無数の「不安」が指摘され、結果、四〇代の後半になったら、貯蓄の準備をなどと「教える」ファイナンシャル・プランナーも登場する。

冗談ではない。四〇代は人生の前半戦が終了し、やっと人生の基盤が形成され、その結果を活かした後半戦が始まるときである。いわばまだスタート台である。株や不動産、あるいはビットコインなど資産を持ちたい人はどうぞご自由に、と言う以外にないが、普通のビジネスパーソンには「投資をするなら自分にせよ」と私は言いたい。

他社（者）への投資によってリターンを期待するのは個人の生き方・価値観の問題だから、お互いに「ご勝手に」ということになるが、自分に「軸」がないと、不安を煽って金儲けをしたい人間に振り回されるだけだ。

リスクがなくリターンだけが望める最大の投資は「自己への投資」である。どんどん知識を身につけ、新しい体験・経験を積み重ね、新たな出会いを糧にして、自分を大きくしていくことは、年齢と無関係に大切なことだ。そうすれば人は前に進める。転職や転換のまえにすべきことがやはりある。

特に、三〇代、四〇代といった若さがあるうちはなおさらだ。気力も体力も充実した年代は自己投資をためらってはならない。人間の成長には「知らないところに飛び込む勇気」が必須だが、どのようなときにも、たじろぐことなく生きるには、人間としての中身（コンテンツ）が必要だ。

†学ぶチャンスを逃すな

勉強をすること。機会を見つけては学ぶこと。仕事に関わるセミナーなどには、積極的に参加すること。自分の仕事を深めて行くと必ず「他の仕事」とつながって来るものである。また直接仕事に関わらないことでも、一般教養はどんどん身につける必要がある。もちろん小説を読む、あるいはさまざまなエッセイを読むだけでも、語彙が増えると表現力が豊かになる。それは話題が広がるということである。むろん本格的に政治、経済、歴史、哲学を学ぶのもよい。一人で取り組めればそれでよいが、可能なら少人数のセミナーで学ぶこと。

もちろんよい本を読むことが必要だ。しかしよい本を読むにも努力が必要だ。とにかく自分を充実させること。優れた人間と出会うためには、自己を充実させておくことが必須である。率直なところ、バカはバカとしか出会えない。他人と交わるコンテンツがない人間に新しい機会は存在しない。それゆえ、会社の内外で学ぶチャンスがあったら逃してはならない。

内外で、というのは社内のOJT（現任訓練）、OFF・JT（職場外訓練）は、命令がなくとも自ら手を挙げて、機会を逃してはならない。もちろん、会社内での勉強会なども大切だし、多くの会社で開催している仕事に関するセミナーなどには積極的に参加したほうがよいのは当然だ。

あるいはもっと積極的に、自分のテーマを深めるために、商工会議所や行政が主催する各種の講習会に参加したり、職場の立地やさまざまな条件にもよるが、社会人を対象としたビジネススクールに入学するのもよい。そこにはたくさんの職場からさまざまな職種の人が集まっており、異なった経験を持ち、それゆえ異なった発想を持つ人たちの情報とヒントの集積の場と言ってもよい。

そしてなるべくよい先生と出会うこと。よい先生はよい本を知っており、よい学び方を知っている。例えば「どんな本を読んだらよいでしょう」との質問に答えられない先生はよい先生ではない。よい先生かどうかは、それは世間的に有名かどうかではない。専門の世界で、どのような業績を持った「先生」なのかを見極める能力が必要だ。

むろん、自分の知らない領域の場合、「よい」「悪い」の判断ができない。そのときは「主催者」や「学校」の過去の経過の評価や、そこで学んだ人間からの情報が必要だ。蛇が尻尾を嚙んでいるような説明になるが、それゆえ自分というコンテンツを広く、深くする時間を意識的につくることが必要なのだ。

しつこいようだが、学ぶことにお金を惜しんではならない。生活がやっとだ、という人が多いのはわかる。しかし生活のために借金をするのではなく、自分への投資に借金をするのは危険ではない。お金は自分が成長すれば必ず返せる。心配などないのだ。お金を貯めてから勉強しようというのでは遅すぎる。その二つは両立はしないものだからだ。「蓄財」にしか関心がない人はこの本を閉じたほうがよい。お金や不動産という有形の資産はあとからついてくるものなのだ。

特に三〇代後半、四〇代前半を全力で生きた（働いた）人間なら道は必ず開ける。その時代に過ごした困難と棘の道は、自らが成長するために必要な経過であったということが、あとから納得できるのだ。

†仕事を頼まれる人間になれ——充実感と達成感

退職時の挨拶状をみなが書かなくなったのはいつごろからだろう。三〇年前、四〇年前にはけっこう挨拶状をいただいたものである。そこには「大過なく」とか「つつがなく」といった言葉が決まったように記されていた。

三〇年前、四〇年前の私はまだ二〇代、三〇代であり、「仕事から離れる」という事実が実感できる年齢ではなかった。それでも、職場でさまざまな事柄を見聞きするにつけ、大きな悩みなく職場生活を過ごせた人は相当に幸福な例外であると私は思っていた。職場での日々は、誰にとってもトラブルや悩みの日々であり、四〇年、五〇年という職業生活は、転職と転換及びそれにまつわる苦労話があるのが普通の人の職業生涯であると思ってきた。しかしそれゆえ、達成感や充実感、あるいは仕事仲間との交流の日々の楽しさ、なども経験できるのだ。

ただ私が二〇代後半、三〇代、四〇代前半の二〇年間を過ごした職場（労働組合の事務局）は、あまり一般性のない職場であったせいか、春闘の季節とか国政選挙といった労働組合の存否が問われるとき以外は、どう見ても苦労のない人が八〇パーセントくらいいた。毎日勤務しているのは確かだが、生産性が低く、昼間から来客と碁を打ったり、夕方になると酒を飲んでいる男がいた。気楽と言えば実に気楽な職場だった。

仕事で走り回っていたのはせいぜい二〇パーセントの人間であり、全体の八〇パーセントから九〇パーセントは走り回っている人間にぶらさがって生きていた。

どの職場にも「仕事は忙しい奴に頼め」という原則がある。当然である。「あいつは手が空いている」とか「あいつはヒマだから」ということで、仕事を頼むと、いつまでたっても仕事は進まない。彼らはヒマなので、「後で……」とか、「明日」に仕事を回す。彼らには「後」も「明日」も時間がある。しかも彼らは仕事を頼まれると、その仕事があることを理由に他の仕事を断ったりする。

しかし忙しい人間は、頼まれた仕事にすぐ着手する。「あと」も「明日」もやることが決まっており、頼まれたらすぐに片付けねばならない。またたくさんの仕事を知っているので、頭の中の引き出しには知恵と経験が詰まっている。それゆえ大体の仕事は手短に片付くのである。

では職場でぶらぶらし、仕事を頼まれない人間は仕合せだったのか、というと必ずしもそうではない。給料は同じようなものだったけれど、充実感や達成感のある仕事は彼らのところには行かなかった。仕事ができないからである。また企画力がないので、よい仕事、必要な仕事を考え出し、構想する力がなかった。

それゆえやることがなかったのである。その延長線上に充実した日々が待っているわけがない。

その点、こちらは組織を利用して自分が成長することが、結果として組織にとってもよいことだと勝手に考えて、さまざまな企画(仕事)を考えた。国内各地はもとより、アメリカを中心として、自分が仕事・職場にとって必要と思えるプランを立てれば、数カ月といった単位で、どのような調査も研究も必要な資金は用立てられたし、けっこう、贅沢は可能だった。また関連団体(私の場合は総評・調査部)に出向し、よい先生の下で金融論や経済学の勉強に没頭することもできた。一九八〇年代までの総評の調査部には、優れた人間が集まっていて、学ぶことを競う風習もあった。

つまり同僚たちと賃金や社会保障などはみな同じだったが、過ごしている時間の中身はそれぞれがまったく異なっていたと言ってよい。

†組織の頽廃

私の職場生活は例外だったと思う。普通の企業はよりシビアであり、場合によると「過労死」などもあったりするのだから、職場で碁を打ったり酒を飲んだりしているわけにはいかなかったろう。

とはいいながら私の勤務先と似たような民間の職場はいくつもあった。例えば竹内慎司『ソニー本社六階』（二〇〇五年）という本があったが、それによると品川区の御殿山にあったソニー本社の中枢があった六階での人間模様は、会社というのはここまで頽廃できるものかと思わせるひどいものだった。一〇億円、一〇〇億円といった単位のお金がどんどんムダにされ、そこで働いている人たちは、上司への追従、おべっかを旨としていた。また都合の悪いことはみな他人に押しつけ、いったい仕事をしているのかどうかすら怪しい人の群れが描かれていた。この本を読んだとき、誰もがソニーの崩壊を予感した。

この、会社を食い物にしている人たちの群れが、その後ソニーが経営破綻に行き着いたときにいわゆる「追い出し部屋」（リストラ部屋）の住民になったのは当然であると私は思った。朝日新聞などはこのことをサラリーマンの悲劇として描いていたが、私には旧国労（旧国鉄労働組合）と同じ自業自得に思えた。

むろん仕事に全力をあげなくともよい。しかしその場合は、別途、全力をあげている対象があれば、の話である。大鹿靖明『東芝の悲劇』（二〇一七年）も同様の話である。魚は頭から腐るというが、破綻するどの会社も経営者が最初に頽廃する。しかしそこで働く人間も、それに染まったり、追随すれば同罪である。

そういえば崩壊してからずいぶんと時間がたつが、名門・鐘紡の崩壊も同様だった。徹底して無責任な経営者が続き、粉飾するのが仕事のような職場すらあって、三〇年近く粉飾決算を続けていた無責任ぶりに唖然としたことがあった。八〇年代のバブル期までは土地が含み資産になっていて破綻しなかったが、九〇年代に入り資産暴落が起きたとき、打つ手がなかった。実にひどい会社だった（嶋田賢三郎『責任に時効なし』二〇〇八年）。

こうした会社の頽廃に染まらないためには、当然転職という手段も必要になってくるだろう。

†配置転換で辞めたくなるとき

以上のようなあまり一般的でない事例は別にして、転職を考えるときの職場の問題には、昇進に関する競争や、意に沿わない配置転換などが無数にあるだろう。

中間管理職クラスで先が見えてくる世代になると、大企業の場合は役職定年や、強制的な配置転換によって、職場の中心的な仕事から排除されるが、特に中小企業の場合は自分の仕事上の既得権益を墨守することに躍起となり、会社全体、セクション全体の利益や必要性を踏みにじるような人間も登場する。

もともと日本の大企業の雇用条件は、社員（メンバーシップ型）として採用されるのであって、職務別（ジョブ型）として採用されているわけではない。さまざまな配置転換を経て「専門」を確立し、スペシャリストになることはあるが、長期雇用（終身雇用）は、会社側の配置転換の自由という指揮権が前提となっている。もともとが「社員」として採用されているのであって「職務」で採用されているわけではない。

それゆえ「辞めたくなる」ような配置が生じるのである。しかし冷たい言い方をすると、それでなければ会社は成り立たない。むろん勤労者の側には、労働権はあるし、団結権を含め各種の自立した権利の擁護に関する法律もある。それゆえ勤労者自らが必要に応じて闘えばよいのである。率直なところ、労働組合費も払いませんという姿勢ではどうにもならないのである。

†競争も転職も当たり前にある日本

「働き方改革」「同一労働同一賃金」「一億総活躍」などという掛け声を聞くと、いつも各論というか、普通の職場で具体的な仕事の進め方を見ている筆者のような者の側からすると、そこにさまざまな現実とのズレが見える。二〇一七年三月の「働き方改革実行計画」によれば、「転職が不利にならない柔軟な労働市場や企業慣行を確立できれば、労働者にとって自分に合った働き方を選択してキャリアを自ら設計できるようになり、企業にとっては急速に変化するビジネス環境の中で必要な人材を速やかに確保できるようになる」そうだ。だが、こうした議論には現実離れもはなはだしいものがある。

「柔軟な労働市場」や「企業慣行」をその「計画」は具体的に語ることができない。当たり前である。企業にとって「必要な人材」は自ら育てなければならない。企業の競争力や社会的有用性は「他と異なったサービスや技術」にあり、それは「市場」で調達するには限度がある。固有の競争力は自らの内部でつくらねばならないのだ。

また、そのことと関連し、終身雇用、年功序列型賃金、企業内福祉といったお定まりの「日本的雇用慣行」などと聞くたびに、私などはその「慣行」の中に自分が含まれている、と思ったことは一度としてなかった。

小池和男氏などが繰り返し指摘しているように、日本の職場は長期にわたって厳しい査定があり、個人間競争の中にある。「ぬるま湯」のような職場ではない。もちろん前述のように、「ぬるま湯」に入っている人間はいるが、それは、それなりの処遇しかされない。一生懸命働く人間と、いい加減な人間とは明らかに「処遇」に差がある。日々の激しい企業間競争に追われている職場は働く人にとっても戦場だ。それゆえ、仕事によって人は鍛えられ、また育つのである。

「柔軟な労働市場や雇用慣行」の確立などというが、今だって、現実はそれほど「硬直的」なものではない。問われているのは自らの意志である。そして最も大きいのは、景気動向である。どの会社もリストラが必要な季節はどうにもならない。

ただ、統計うんぬんではなく、自分の身内や周辺を見回してみると、二〇パーセントから三〇パーセントは最初に勤務した職場で定年まで働いているので「日本的雇用慣行」という指摘もまったく間違っているとは思っていない。しかしとはいえ、中小企業を中心に働き方や技術、経営などを調べ、本を書き、それを「経営」や「人的資源管理」といったテーマで大学において教えるようになると、後述するように日本でも転職は普通のことであり、シビアな企業間競争の中での職場人生の多くは「大過」と「トラブル」「悩み」の日々なのではないかと思えて来た。繰り返しになるが、それゆえ、一瞬の達成感や幸福感あるいは、仲間との同質の時間の共有、といった気持ちも持てるのだ。あるいは会社を辞めたくなる社員についても、「非は本人にあるのでは?」と思える場合もある。

†本書の構成

このように考えると、現在、転職や退職をめぐる議論をさまざまな論者が展開しているが、それらには誤りも多いことがわかる。不本意な仕事をしている人が、より大きな達成感や幸福感を求めて転職するということは、これまでにも普通に見られた。そしてそのような転職を、日本の労働市場や雇用慣行が妨げているという事実はない。

実りの多い転職とは何かを考えていくために、本書では転職をできるだけ多角的に考察していきたい。まず第一章では、日本の転職をめぐる状況について、雇用の実態の基礎知識を解説する。日本が必ずしも転職しにくい社会ではないこと。どの国も日本と同じ長期雇用が普通であること。技術革新があってもそれほど仕事が大きく変わりつつあるわけではないことを説明する。

知識人やシンクタンクはマクロで語るが、現実の暮らしや仕事はみなミクロである。第二章では、転職はいつの時代も基本的には個人的な事情に基づくものであることを述べる。人は常に個人的な動機と置かれた状況によって、ものを考え行動する。

次に第三章では、さまざまなタイプの現実の大企業、中小企業における職場配置と訓練を紹介し、仕事能力の身につけ方やその中で転職についてどう準備していくものであるかを説明したい。

第四章は、ノンエリートである、普通の人の転職事例を二つ紹介し、成功する転職の条件を考察する。とはいえ、この章の二人の事例は、一年、二年といった長期のスキルアップのための自己投資がともなっている。

第五章では、働くことと雇用の根本を問いなおして、人々はきちんと学んで再就職をしているという事実と、社会の成熟度によって、労働力というものも歴史的に変遷してきたこと、そして今、非正規雇用＝悪と捉えるべきではないことをここでは理解してもらいたいと思う。

第六章では、現実の仕事の複雑性や不規則性を直視することの重要性を説く。それがわかれば、昨今流行のＡＩ論やシンクタンクの主張などがいかに実証性皆無の議論であるかが理解できるだろう。

第七章は、高齢化した現代社会で、長いライフステージをいかに生きていくか、そのために無形の資産が大事だということを論じる。必要なのは学ぶことと、そのメンテナンスだ。

終章では、いたずらに不安を煽るばかりの仕事論、転職論が横行する中で、人生は設計できるものではないこと、志と夢を持ってただ日々を生きるという当たり前のことが大事であることを、改めて強調して本書を閉じることにしたい。

第一章

転職に向けての基礎知識

1　日本の雇用の実態

†長期雇用が世界中の基本

データを見ると、欧米でも四〇歳を過ぎた年齢になると長期雇用が一般的である。日本の正社員は年功序列と終身雇用に守られているので、新しいことに挑戦しないし、職を変えない、といった批判は、ほとんどが的外れだ。特に賃金や職場での序列（役職）が年功序列などという安穏・安易な企業（職場）は日本には存在しないと言ってよい。同一の定期昇給は最初の四年か五年であり（若いうちは賃金が平均と比べて低すぎるからだ）、それ以降は差がある。もちろん個人事業所を含めれば四〇〇万もの数の会社が日本にはあるので、絵に描いたような年功序列と終身雇用の会社もあるだろうし、それを「大切にしたい会社」と呼ぶ個人もいるだろう。

これも小池和男氏の指摘だが、ＯＥＣＤの勤続統計による残存率（同じ企業にとどまった労働者の割合）を見ると、四五歳以上では、終身雇用であるはずの日本よりも、ドイツやスイスなどのほうが勤続年数は長いのである（『日本産業社会の「神話」』二〇〇九年）。
例えば、『国際労働比較』（労働政策研究・研修機構、二〇一七年）で紹介されている数字を拾ってみよう（表1）。

ＯＥＣＤ加盟各国の「性別・年齢階級別勤続年数」を点検すると、「五五歳から六四歳」と「六五から六九歳」の勤続年数に大きな違いはない。五五歳から六四歳の層の勤続年数は（アメリカは別として）、ほとんどの国が二〇年前後であり、六五歳から六九歳も一五年前後の勤続年数である。また中心的働き手ともいえる二五歳から五四歳の層は各国ともに似たようなものである。つまり日本だけが終身雇用（長期雇用）なのではなく、各国ともに長期雇用が普通であり、日本だけが際立って異なっているわけではない。別の言い方をするならば「柔軟な労働市場や雇用慣行」など

	男女計	男	女	年齢階級（歳）			
				15-24	25-54	55-64	65-69
日本	12.1	13.5	9.4	2.1	11.6	19.6	15.6
アメリカ	4.2	4.3	4.0	1.1	5.1	10.1	10.3
イギリス	8.0	8.3	7.8	1.7	7.9	13.9	15.0
ドイツ	10.6	11.1	10.2	1.9	9.7	19.4	12.4
フランス	11.4	11.3	11.5	1.4	10.5	21.6	16.5
イタリア	12.2	12.5	11.8	1.8	10.8	21.9	19.2
韓国	5.7	6.7	4.3	0.8	6.1	7.4	3.2

表1　性別・年齢階級別勤続年数（2016年10月時点）
資料出所　日本：厚生労働省（2016. 2）「2015年賃金構造基本統計調査」
アメリカ：U.S. Department of Labor（2016. 9）*Employee Tenure in 2016*
その他：OECD Database（http://stats.oecd.org/）“Employ by job tenure intervals”

世界に存在しないのである。むろん投資銀行や先端産業で企業を渡り歩く「柔軟」な人間はいる。しかし普通の仕事は長期に働いてこそ成り立つものなのだ。

もともと、長期雇用がよいか悪いか以前のこととして、世界中どの国に行っても、いつも人が代わるような会社（職場）は信用されない。職場の中心的な人間は長期勤続が当り前である。どんな会社でも、有能で欠かせない人物には、退職しないような処遇をするものだからだ。ビジネスは企業間で行われるが、直接の対応は個人対個人の領域である。でなければ「営業力」に差が出てくるわけはない。仕事の成果に差が生じるのは「個人」の領域が仕事にはつきまとうからである。

その一方で、個人プレーに見える仕事でも、チームや会社、歴史、伝統という目に見えない「ビジネス資産」を無視してはならない。会社あっての個人である、という側面は当然にして存在する。

ただ、私のようにノンエリートの仕事世界で長く聞き取り調査をしていると、どこの国に行っても、馴染みの仲間と馴染みの仕事をする、というのが一般的であるという様子を目にする。例えば、海外調査で出張のたびに一〇年以上同じホテルに宿泊すると、支配人もバーテンダーも、朝食のビュッフェでフライパンで卵料理をつくるコックも、取材のために借り上げるホテルのリムジンの運転手も毎回同じ人物、といったことがよくある。

†どの国でも多数派は転職しない

また前記の『国際労働比較』にある「青少年（一八〜二四歳）の転職に対する考え方」を見ると、調査年によって数字は若干異なるが、二〇一三年の場合は「つらくても転職せず一生一つの職場で働き続けるべきだ」と考えるパーセンテージが日本四・八、アメリカ七・二、イギリス七・一、ドイツ三・五、フランス三・九、韓国四・五となっている。

続いて「できるだけ転職せず同じ職場で働きたい」と考える若者は、日本三一・五、アメリカ二八・六、イギリス二二・四、ドイツ一五・三、フランス二五・二、韓国四三・七となっている。

そのほか「職場に強い不満がある場合」や「不満がある場合」の転職の意志、といった項目では、各国ともにそれほど大きな違いはない。「強い不満」の場合は三〇パーセント前後で、「不満」は一四パーセントから二〇パーセントが多い。つまり多数派は、理由はどうあれ同じ職場で働くことを選んでいるのである。

ただ、かなりの違いを示すのが「自分の才能を活かすために積極的転職を」という項目だ。日本は八・四五だが、アメリカは二二・〇、イギリス二八・二、ドイツ四・六、フランス一二・〇、韓国七・六とバラツキが見える。これはそれぞれの国の産業の性質、採用方法の違い、あるいは景気動向なども影響していると思える。例えばドイツの場合、割合が少ないのは、マイスター制度などにより、いったん技術・技能あるいは職種が決まってしまうと動きようがなくなってしまうからであろう。制度的には、ドイツは日本よりはるかに転職は難しい。労働市場が柔軟ではないのである。

また景気動向によって最も顕著に違いが現れるのは失業率である。図1は『労働力調査年報』(平成二八年版)の「年齢階級別若年層の完全失業率の推移」だが、二〇〇九年が突出して高いのは、言うまでもなくその前年のリーマンショックによる、急速な景気の落ち込みの反映である。それゆえ二〇一一年頃からの失業率の低下が目立つのである。

†日本以外の先進国の若者は失業が多い

積極的に雇用の流動化を主張している八代尚宏氏は「過去の日本的雇用慣行を前提とする、企業グループを通じた『失業なき産業間移行モデル』がもはや成り立たなくなっている中で、他の先進国と同様に、労働市場を通じた労働者の産業間移転を円滑に進める方向

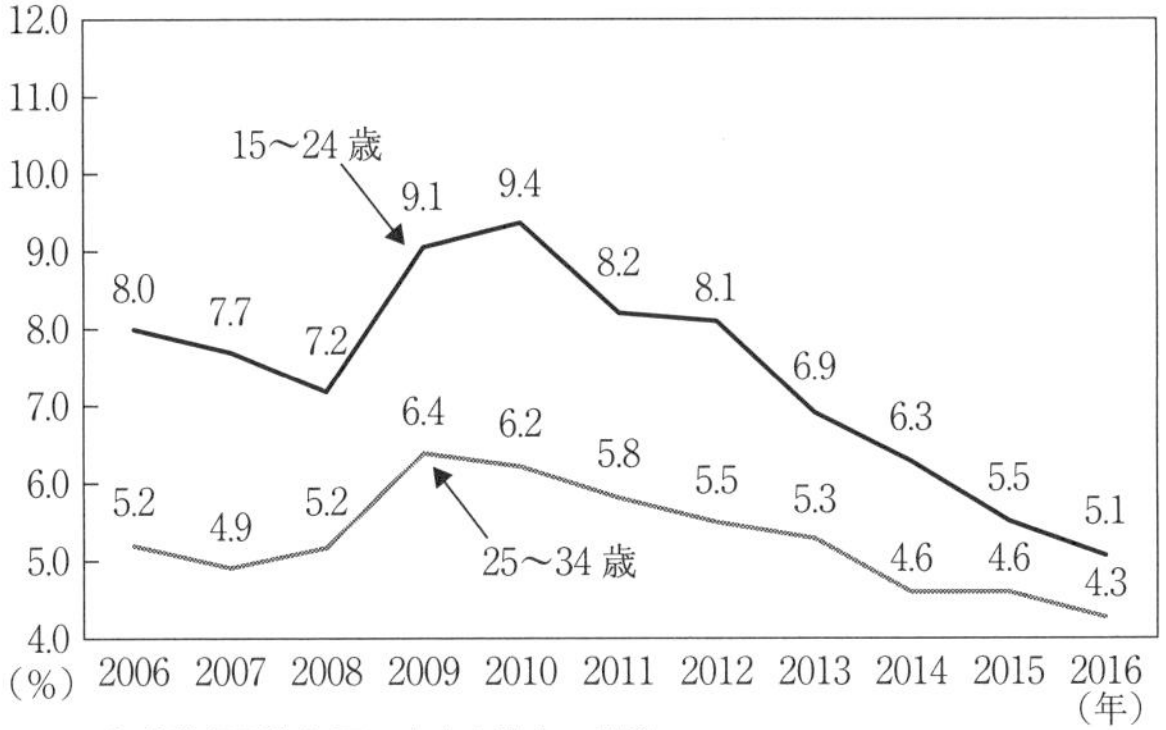

図1　年齢階級別若年層の完全失業率の推移

への政策転換が必要とされている」と述べている（『健全な市場社会への戦略』二〇〇七年）。だが、「他の先進国」も前述の数字が事実である。

この場合、八代氏はカナダをモデルに説明しているが、労働者の産業間移行が円滑に進み、失業率も低い労働市場が成り立っている「先進国」（新興国も）など、私が見たところ一つもない。企業間を自由に移動できるのは、特別なエリートであって、普通の勤労者には縁のない労働市場である。日本でも年収が二〇〇〇万円を超えるようなレベルの労働力はヘッドハンティングが盛んなようだが、最も平均的で層の厚い年収四〇〇万〜六〇〇万円の中間層の転職はとても難しい（もっとも八代氏は別の本では、日本的雇用の対象者を大企業中心である、と指摘している）。

日本やドイツなど一部をのぞき、先進国はみな高い失業率、特に前述したように若者の失業に悩んでおり、また産業間の労働力の移動も見られない。人間はどの国に行っても、それほど自由で移動性が高い存在ではない。移動性が高いのは、シリアなど破綻国家を中心とした中東諸国や、EUで言えば、旧東ヨーロッパから西ヨーロッパへ、といった移動である。それはASEANでも同様だ。ラオスやカンボジアあるいはミャンマーといった国からタイなどへの労働力の流入はとても激しい。彼らは、すでにタイの若者たちが就労しなくなった港湾作業や建設現場などで主に働いている。

タイ一国ではすでに農村から都市への労働力の流入のストップという、いわゆる「中進国のワナ」に陥っているが、それをなんとか防いでいるのが、まだ経済的離陸を果たしていない周辺国からの流入である。

イギリスとフランスあるいはドイツ、イタリアといった先進国でも、ビジネスパーソンで移動の自由を謳歌しているのはごく一部のエリートだけである。普通の勤労者は、地場産業で働き、馴染みの仲間との日々を過ごし、馴染みの酒場や盛り場での老後の日々を過ごすのが普通だ。またそれが望みだ。あるいはそこそこの相続によって住まいを手に入れたり、やっと家を買ったりしているのが実情だ。ノンエリートはどこの国に行っても、大きな距離の「労働移動」をしたりすることはない。

もう一つだけ、雇用流動化への提言を紹介しよう。それは本書を含め私もよく利用する国際統計になくてはならない役割を果たすOECDの代表者の意見である。

OECDの村上由美子東京センター長はこう言う。「（年功序列と終身雇用は）労働市場を硬直化させるという負の側面があります。労働力が不足している日本企業が画一的な雇用制度に固執していては、有能な若者が活かされない一方で、安定雇用という既得権を持つ年配者はリスクを取ってまで新しいことに挑戦せず、組織全体が事なかれ主義に陥りやすいという短所のほうが目についてきます」（『武器としての人口減社会』二〇一六年）。

やれやれ、と言う以外にない。OECDのどのようなデータからこのような主張が根拠づけられるのだろう。日本のどのような会社がこの人の指摘するような「画一的な雇用制度に固執して」「事なかれ主義」で日々を過ごしているのだろう（あるいは過ごせているのだろう）。実証性がゼロである。

†日本の圧倒的多数は転職経験者

また長期雇用に関しても、「最近の若者論」は無意味なのであえて述べないが、仕事に関して言うなら、いつの時代でも転職を経験するのが日本の多数派である。公務員や一部上場の大企業に就職した若者は確かにそのまま定着する者が多い。しかし日本の勤労者の七〇パーセントは中小企業で働いており、彼らのほとんどが転職組と言ってよい。特に一〇〇名以下や五〇名以下、といった規模の会社の場合、家族従業員以外は新卒で採用され、そのまま定年まで働くという事例は稀である。そのような事例はどの会社もせいぜい一人か二人である。

それゆえ「なぜ若者は三年で転職するのか」といった意見や、長期雇用を中心とした日本的雇用慣行が、「正社員の既得権益」となり、衰退産業から成長産業への雇用の流動性を妨げる原因となっている、といった八代氏や村上氏のような主張に出あうと大きな違和感を持つのである。職場、仕事、暮らしといった、人間の普通の日々の現実と無関係な議論であると感じるからだ。また市場で敗北(破綻)した企業には、当然のことながら在職できないし、転職するか失業する以外にないのである。

†中小企業における中高年の採用と長期雇用

しかし比較的大きい企業にはストックがあり、資金調達の方法も多様なので、経営者が一身にリスクを負う中小企業よりも経営と雇用が安定していることは事実なのである。

一方で、中小企業は新卒を採用すること自体が難しい。新卒の若者の多くは（親の希望もあって）、誰でも知っている会社、人に説明しやすい仕事を選ぼうとする。すると必然的に大きな会社を選ぶことになる。最初から二〇名、三〇名といった会社を希望する若者は例外と言ってよい。上場企業が少ない地方の大学でも、従業員数が一〇〇～二〇〇名を超える規模の企業を選ぶのが普通である。

それゆえ中小企業は、中途採用が基本になる。ハローワークやリクルートに求人したり、知人など縁故に頼ったり、派遣会社から派遣された人の中から選んで声をかけたり、職業訓練所の卒業生を採用したり、廃業・倒産した同業者の従業員を引き受けたりとさまざまな採用方法を駆使するが、三〇代、四〇代の人を採用するのが普通である。しかし同時に、三〇代、四〇代は、若者と異なり、比較的定着率が高い。社会という現実がわかり、自分の適性や諦めを含め、現実を受け入れるのである。

そして中小企業の場合、雇用年数がフレキシブルであって、本人と会社が望むなら、七〇歳を超えても普通に働くことができる。だから三〇歳を過ぎて入社しても結果として三〇～四〇年勤続という長期勤続をし、会社の確実な戦力になっていく。ここには勤労者本人と会社の双方の必要性があるのであって、若者を排除したりする「終身雇用の弊害」などどこにもない。「中小企業はかわいそう」という、一般的な世論の評価により、経営が優れた中小企業でも若者が集まらない、という弊害のほうが大きいのが実態である。

中高年の積極的採用と長期雇用、かつ安定した雇用という最も望ましい形態が、継続する中小企業にはある。

2　技術革新で仕事は変わるか

†人工知能論のデマ

また近年は「人工知能（ＡＩ）論」などが登場して、現代の錬金術かと思えるようないかがわしい説が振りまかれ、仕事の未来に関して、過剰に不安を煽る言説が多い。現在の仕事の四〇パーセントも五〇パーセントもなくなるという「情報」である。しかしよく読んでみると「可能性がある」とか「もし……だったら」とか「かもしれない」という実に不確かな表現を伴っている。つまり「警鐘を鳴らしている」つもりの人たち自身が実証できないことがほとんどなのである。

例えば、「ＡＩが進化すると仕事が大きく変わる、またＩｏＴであらゆるものがインターネットにつながり、職場は激変する、ドイツではインダストリー四・〇が進められている、そしてアメリカではビッグデータ化が進み……」といった具合である。しかしもともと技術革新はいつの時代でも進んでおり、それに伴ってビジネス・ジャーナリズムは、自らの「仕事」のために、「鬼面人《きめんひと》を威《おど》す」新しいキャッチフレーズを生み出すものである。

つまり、「犬が人に噛みついた」ではなく、「人間が犬に噛みついた」がニュースになる、という俗な説明がこの場でも当てはまる。技術革新はいつの時代でも進んでおり、特に近年は半導体技術の革命的と言ってよいほどの進化で、情報の大量化とその集積、そしてその利用の多様化が進んでいるのは事実だが、「大半の職がなくなる」という野村総合研究所などの主張するキャンペーンは、「可能性がある」「たら」「れば」の議論がほとんどであり、無責任なデマと言ってよいほどレベルの低い「情報」である。野村総研のビジネスとして、売るために「大騒ぎする必要がある」というそれだけのことだ。

「日経ビジネス」なども同様である。彼らには自ら発する「情報」に関して品質管理、製造物責任、消費者保護、といった義務感がない。「かもしれない」「可能性がある」と付け加えればどんな虚言も許されるという姿勢である（野村総研などの主張については後述する）。

†「全自動トラック」のウソ

ただ、ここで一つだけ結論を述べておくと、人工知能論者やＩｏＴあるいはインダストリー四・〇などをもてはやしている人間は、現実の職場の技術革新、特に仕事の変化の進行についてまったく知らない。例えば誰が、どのように仕事の「自動化」（ロボット）を考えるのかなど想像したこともないだろう。むろん「単純労働」も「複雑労働」も知らない。現実の仕事・職場を知らないので、「単純」「複雑」の内容説明もできない。

例えば、溶接作業や塗装作業は人が要らなくなる、などと分類しているのを見ると爆笑したくなる。大量で定型的な溶接作業や塗装作業はずっと前から自動化されており、人間が関わる作業は少量で、多様な作業である。それは塗装機や溶接機の機能の向上によって進化しているが、人が要らなくなることはない。

また、量産作業のための製造・生産設備の設計は、「どこをどのように作るか。そして変える必要があるか」を、そこで働く現場の人間と設備設計の専門技術者が、設備メーカーと共同で行っている。それは現場を見たこともないＡＩ論者には想像すらできない。例えば、アメリカの電気自動車メーカーのテスラが、華々しい打ち上げ花火によって、時価総額を上げることに成功したが、肝心の製品作りでは少量生産を続けている。それは量産する「工程」を作れないからである。要するにテスラの経営者にとっては、クルマを量産するシステムを構想し、実現するのは「複雑」過ぎるのである。

あるいは自動車の自動運転の技術が進化すれば、トラックが連結され運転手不足が解消され宅配がラクになる、などという指摘を読んでいると、もっと大変な「ドローンによる配達」方法を含めて、テクノロジーの恩恵を受けることのない「ラストマイル」を知らないことがすぐわかる。

どういう場所（道路）でなら連結したトラックの運行が可能なのか、あるいは不可能なのかという現場感覚がゼロなのである。例えば、高速道路で可能な車両の連結も二両までである。しかも一般道に降りれば一〇メートルのトラックが二両連結されていれば、信号を曲がることすらできない。どこで利用でき、どこで無理なのか（走れないのか）は、街をクルマで通るだけでもわかることだ。それが三両の連結などになったら高速道路でもまず不可能だ。他のクルマにとっても迷惑で、危険きわまりない。

だから、全自動のトラックが開発されれば、トラックの運転手の不足は解消される、などという主張は噴飯ものでしかない。例えば、鉄道の貨物列車が数十両を連結できるのは「専用線」だからである。ただ、このことについては別項でもう少し詳細に述べる。

†変わる仕事と変わらない仕事

いつの時代でも仕事というのは「変わる部分」と「変わらぬ部分」がある。たぶん、変わらぬ真実は「不確実性」であろう。一年、二年といった「未来」すら、わからないものである。しかし同時に人間には、「変化への対応力」も備わっており、無数の失敗を経験することによって、職場での日々の変化や予期せぬトラブルになんとか対応して、凌いでいくのと同様に、人生もまた凌いでいくのである。

むろん、確かにどうにもならないことがある。自分の属する産業も企業も、社会的に不要になってしまうこともある。例えば半導体の急速な発達はエレクトロニクス系商品を大きく機能変化させ、かつての「商品区分」(境界)をなくしてしまい、産業・企業の環境を激変させた。そしてフェイスブック、アマゾン、ヤフー、グーグルといった「情報産業」を出現させ、「モノ」の移動(流通)を急激に変化させている。

例えば、一九九〇年代の前半までは、電話とカメラは別の商品だった。むろん音楽を聴く機器も、レコードの時代が終了し、CDに変わった。それが二〇〇〇年頃からまた急速に変化し、「ケータイ」というパッケージ機器に代替された。

あるいは一九九〇年代の後半から、デジタルカメラが急速に普及し、そして一〇年くらいでまた衰退したのも同様である。つまりケータイ端末の機能向上という技術革新の結果だったが、その結果への対応は、企業によって異なる。例えば富士フイルムは事務機、化粧品、薬品、各種の化学素材の開発などの会社に変身したが、世界最大のフィルムメーカーだったコダックは敗退した。それは企業としての組織能力の差であり、従業員や経営者という人的資源の差であったといってよい。もちろん富士フイルムの職場は、仕事や環境がガラリと変わっただろう。それは医療機器部門を拡大させたオリンパスなども同様だ。

昔の日本で言えば、終戦後の有沢広巳の提言から始まった、いわゆる「傾斜生産方式」という経済政策により、石炭産業への集中的な資源投入があった。賃金や医療・福利厚生、娯楽施設などを充実させ、各地から炭坑に労働力を集め、石炭の増産に励んだ。

しかし一九五〇年代に入り、原油の輸入が開始され、火力発電は石油へと転換し、熱源としての石炭は急速に不要なものとなった。石炭ストーブや、蒸気機関車も駆逐されていった。その結果、石炭産業で働く人々の職は不要になった。一九六〇年の安保闘争とともに闘われた「三井三池」闘争は、石炭産業の日本での終焉を示すものだった。

もっともこの終焉は日本の場合、労働組合の強さ（三〇〇日のストライキ）が原因で、いささか早すぎたようである。ヨーロッパの場合は漸減で、六〇年代後半から七〇年頃までは産業として成り立っていた。日本も労組がもう少し穏やかで賢明であれば、あと五年、一〇年は産業として生命力を保ち、中高年は炭坑労働者としての労働生涯を過ごせた可能性がある。むろん今さら言っても詮無い話である。

しかしこうした「変化」はいつも、突然訪れる「かつてない変化」といったものではない。それは経済史、産業史を振り返ればすぐに理解できることである。五年先、一〇年先はもともと不確かなものである。変わらないのはいつの時代でも野村総研のような「狼少年」の存在である。

†大切なのはいつも現在

むろん人生にとって「仕事」はとても大きな意味を持っている。それゆえ、個々のビジネスパーソンは「変化はよくあることだ」という一般論は受け入れ難い。多くの人は仕事に従事することによって日々が存在すると言ってもさしつかえなかったりする。だから、仕事の近未来はとても気になるし、ましてや経験のない「退職後」というテーマに関心は集まる。「後」はどうなるのだろう、という不安があるのだ。それは仕事のある「現在」と異なり、何をしたらよいのか、が不確かだからである。

むろん、今、現在も悩み、不満は山ほどある。楽しい仕事もあるけれども、つらいこと、苦しいことのほうがどちらかというと多いものだ。会社の目標と個人の目標の不一致があるからだ。もちろん仕事への不適応ということもある。

しかし「どのようにしたらよいか」という悩みは方法論の問題だから、「能力の限界」や「ほうっておけ」ということを含め、多くは解決可能である。だが「退職後」の心配は方法論よりも、「何をするのか」「何ができるのか」という目的論が先に問われる。

だが、こういうと失礼だが、退職後を心配している人はまだ幸福である。お金の心配とか、健康のこととか、いろいろと悩みはあるにしても、それは現役時代も同様である。賃金や処遇への悩みは辛いものだ。

つまり、いつもさしあたって問われているのは、現在、ただ今である。大切なのは「今をどう生きるか」だろう。最善と思える「今」を全力で生きることが未来につながっているのであって、不確かな未来を設計するのは難しいものだ。それゆえ最初に述べたように、四〇代から老後の準備を……などと聞くと、私などは四五歳で大学に入学したので、致命的に準備が遅い部類に属し、今さら、何事も間に合わない、ということになろう。

よく四〇代、五〇代になったらリカレント教育（生涯学習あるいは、新たに学校に通い学び直すこと）を、などと言われるが、私の場合は自分の行動に、それほど積極的な意味を持たせていたわけではない。北岡伸一氏の著書である、戦前・戦中の外交評論家であった清沢洌の評伝（『清沢洌』一九八七年）を読んで感銘を受け、著者が立教大学法学部で教えていることを知り、大学の門をたたいただけである。

ただ、労働組合（全逓）の専従を二〇年も務めていたので、仕事の三分の一は、選挙を含む政治活動だった。だから大学の政治学系の科目は、実体験との重なりが大きく、勉強はメチャクチャ楽しいものだった。自分が知っていることや体験したことが、概念として、言葉や体系として客観化できることは、毎日が祭りのような楽しさだったといってよい。

暮らせなくなったら、まだローンは残っていたが住まいを売却すれば、三年や四年は暮らせるだろう、という気持ちもあったが、幸い、原稿を書く仕事はいっぱいあった。

国会議員が資金集めのために開く「出版記念パーティ」に向けて、ゴーストライターとして本を書いたり、労組時代に広報担当だったので、マスコミ関係者の友人が多く、みなが声をかけてくれた。「うちの新聞に書かないか」「雑誌に書いたら」という注文がいくつもあった。それは自ら予期したり、計画していた結果ではない。振り返ってみたら、自ら気づくことなくいわゆる「社会関係資本」を個人的に蓄積していたということなのである。

†人生に普遍的なモデルはない

むろん私は自分の人生の経過を一般化するつもりなどない。誰の人生も固有なものであって、普遍性のあるモデルなどない。人は誰しも固有の人生を送る。「誰々がどうであったか」ということは、「面白い物語がそこにあるかどうか」は別として、ほとんどが生きていく上での参考にはならない。もちろん、目標となる人物を持ったり、夢を持つことは必要だし、あり得ることだが、自分の人生が他人の参考になると考えて得々と語る人物を見ていると「幸せな人だな」と思う。

ただ、かつて兵庫県立大学で教え、その後も客員教授を務めていた関係で、兵庫県の井戸知事のお声がかりで、各種の県の政策委員を務めているが、「以前、中沢先生の沽躍やご発言を聞いていて、またプロフィールを見て、〝ああ、こんな生き方があるのだ〟と思い、大学院に入り、ドクターを取り、今の職場にきました」という人に出会ったことがある。その人の名刺には名古屋にある大学名と教授職が記されていた。

いやそれだけではない。高知県に講演に招かれたとき、休憩時間に一人の人物が挨拶にきた。その人は以前、講演で小生の話を聞いたとき、やはり私のプロフィールを見て、自分も人生を変えてみようと思い大学院に入り、勉強して今の職を得て楽しくやっている、と「准教授」の名刺をいただいた。

私は大学院で教えてはきたが、大学院で学んだことはない。何冊かの本を書き、新設の学部の教授職に就いたのは、文科省の設置審への就任の可否の申請をしたとき「就任を可とする」というお墨付きをもらったからである。その後の大学院、ビジネススクールでの教授職は、設置審の経過と、大学内での内部移行に過ぎない。

ただ、こうした経過は、結果であって、立教大学法学部に入学し、卒業したとき、こういう人生を構想したり、設計したりした事実はどこにもない。先がどうなるのか、などと考えたこともない。二カ月先、三カ月先の暮らしを考えるのがせいぜいであった。

第二章

転職は個人的事情が基本である

1　転職の何が難しいのか

†自分の人生はミクロで考え、生きている

職場人生にしても、自分自身の病気や故障、家族、身内の不運とか、予期できないことが無数にある。むろん会社自身の経営に対してあれこれ発言する余地もなく、小舟に乗って大海に漂っているようなものである。

例えば、転職について考えてみよう。

自分の勤め先が左前になって、転職せざるを得なくなったとしたら、彼あるいは彼女はどう考えるだろうか。「自分にできることは何か」「どうせ転職するならもっと積極的に働く気持ちになれる職場はないか」「そのために自分はどのようにしたらよいか」「新しい資格を取得するとか、思い切って外国など新天地を目指すか」「年老いた老親がいるから、遠方にはいけない」とか「これまでに身につけたスキルを活かせないか」などと考えるだろう。「もう少し収入が多い職場はないか」、逆に「収入は減ってもよいから働きやすい場

所はないか」、さらには「なによりも住み慣れた現在の場所から引っ越すのはイヤだ」「新しい仲間・友人はできるだろうか」などといった無数の悩みがある。

こうした悩みに共通するのは、全ては個人的なこと（ミクロ）であって、世の中の偉い学者や、経済政策の設計者が言うような「衰退産業から成長産業への労働力の移動」などという〝大それた〟発想ではないということだ。バブル崩壊後の二〇年もの長期の停滞だったが、二〇〇八年のリーマンショック時も多くの人が、不意に人生の転換を余儀なくされた。それは東北から関東へかけての三・一一の大震災で大きな被害を受けた人も同様である。

もともと普通の庶民は、天下国家を考えて個人の生き方を決定（選択）することはない。むろん否も応もなく前述のような大状況（マクロ）の影響は受ける。ただ、人々が積極的に転職をするときは、有効求人倍率や失業率などに表れる景気動向が最も大きい要因・動向であって、それ以上ではない。現在の仕事よりもよい仕事、あるいは不満の少ない仕事を、探しやすいときに人々は積極的、消極的に転職をする。

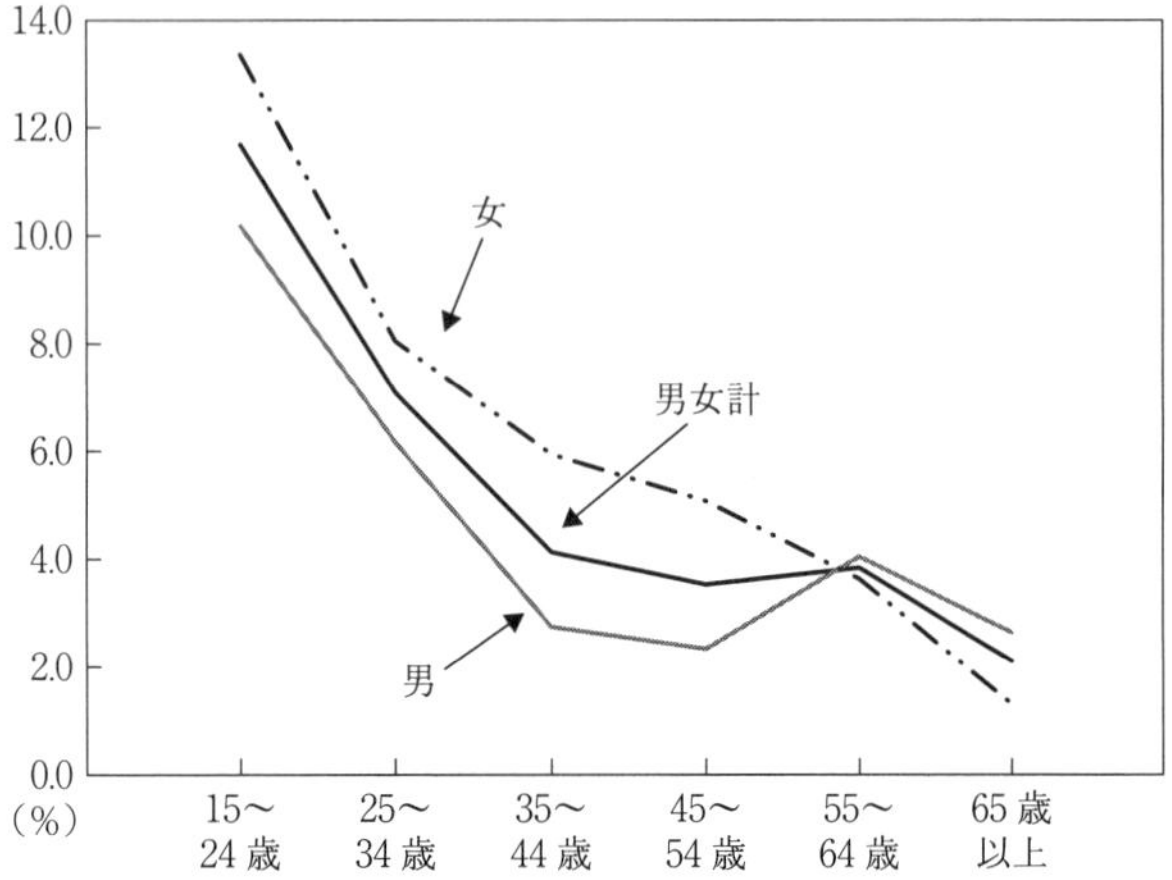

図2　年齢階級別転職者比率（2016年）
資料出所　総務省『労働調査年報』（平成28年）

†若者の転職率はなぜ高いのか

また、若者は転職する率が高いという事実もある（図2）。当然である。若者は転職に伴うリスクが小さい。「失う」というほどの技能や技術を持っていないし、職場での既得権益もない。あるいはビジネス上の人間関係などを構築していない。また、転居などに伴う犠牲も小さい。多くは自分一人のことである。

もちろん自らの生き方として仕事を考え選ぶ人もいるだろう。その場合も、衰退産業とか成長産業といった「指標」は考慮の対象とはならない。例えば「人と接する仕事が好きだ」とか、逆に「黙って自分のペースでできる仕事がよい」とか、「IT関連の仕事がしたい」「ホテルなどサービス業に従事したい」「料理人になりたい」「職人になりたい」「トリマーになりたい」「マスコミで働きたい」「タレントになりたい」など……さまざまな希望はあっても、それはマクロ景気とは何の関係もない。

前述のような、マクロ経済学者の「失業なき労働移動」とか、「日本的雇用関係が労働移動の障害になっており、それが日本の成長を阻害している」などという意見は、個々の人生を生きる普通の人々にとって絵空事であり、どうでもよいことなのだ。

繰り返しになるが、それゆえ「なぜ若者は三年で辞めるのか」などと問うことはほとんど意味がない。いつの時代でも若者は一年二年といった時間で企業に失望する。特に小さな企業でそれは多く見られる現象だ。職場で希望を持てない現実を目撃し、よい仲間を持つこともできず、目標となる人物がいなければ、別の職場にいってみたくなるものだ。

†いつの時代にも変化は訪れる

多くの若者は仕事や職場の経験が浅いがゆえに、「青い鳥」がどこかにいると思うのである。「青い鳥」は、自分の経験や学習によって育つことを理解するには、時間が必要なのだ。

いや、若者に限らない。中高年も、特に中小企業の場合は職場を変えることが多い。やむを得ずか、積極的かは別として、である。その辺の具体的な事例は別記する。

もともと新卒で就職した職場が定年退職までの職場であるような人はとても少ない。公務員や上場された一部の大企業の人だけである。いやそれとても怪しい。第二次世界大戦後の産業の盛衰を振り返ってみてもよい。

例えば戦後の人気産業は、先に記した石炭、映画産業、繊維産業、百貨店、銀行、造船、鉄鋼といった業種であった。かつては一九五〇年代までは小さな町にも映画館はあった。マスコミにしても、新聞よりもテレビ業界が隆盛となったのは、一九六〇年代の中頃からである。これらの業界がどのように変化したかは説明するまでもない。みな知っていることだ。

あるいは公務員の世界でも、近年は別の業種からの転職者を積極的に採用している自治体はよく見られるし、小学校、中学校、高校の先生なども、あえて民間企業での職務経験を重視して採用したりする。むろん大学の教師などはありとあらゆる背景をキャリアとしている。

では、いま現在進行中の事態はどうだろう。情報産業の発達がどのように私たちの仕事を変えたろうか。多くの人はこれまでになかった大変化として理解している。しかし事実をよく見ればそんなことはない。人々はいつの時代でも自分が経験している事態を「これまでになかったまったく新しいもの」と思いがちだが、そんなことはない。変化はいつも訪れ、その中で「不変」なものがある。

†AIにはない人間の能力とは何か

パソコンが登場し、ケータイが進化し、ビッグデータのプラットフォームが構築され、センサー技術や映像技術あるいは制御技術が驚異的な変化を遂げていることは事実だ。しかし人間は自らが使う道具をいつも進化させてきたのであり、私には今の「変化」を特別なものとは思えないのである。

確かに、①半導体の微細化、②モジュール化、③情報通信の高速化、④映像やセンサー技術の発達は、自動車や家電製品をはじめとして、暮らしに必要なさまざまな人工物の変化をもたらした。それらの変化は主に一九九〇年代の後半に入ってからである。しかしそれからもう二〇年以上の時間が経過している。

そしてそれらの変化は、「ムーアの法則」と呼ばれる、半導体の急速な記憶容量の進化によってもたらされている。しかしそうした進化は、半導体の製造装置の進化や素材の開発という「人為的な開発努力」によってもたらされたものであり、AIそれ自体が開発したものではない。医療機器をはじめとして、さまざまな領域で利用の拡大が進んでいるセンサー技術や映像技術も同様である。

人工知能論者は、ディープラーニングという言葉が好きである。AIが自ら学ぶというのである。囲碁や将棋のコンピュータマシンがその事例だと言う。しかしいうまでもないことだが、素材の開発や製造装置を含めた半導体産業の「進化」（深化）は、ディープラーニングの結果ではない。それぞれの産業・企業に勤務している技術者の課題設定とその実現能力に負っている。囲碁や将棋、チェスといったゲームは、入力すべきルールがあってデータがある。そこから外れることはない。しかし現実の仕事は常に「異なったこと」の連続である。その場の判断がいつも問われる。職場というのは、どのような仕事でも、トラブルとエラーの連続の中にあり、仕事というのは、そうしたことへの対応が基本である。決まった仕事（定型的）が決まった通りに毎日流れるなら、そんな仕事はすぐに不要になるものだ。

つまり一部の人工知能論者あるいは野村総研などが致命的といってよい誤解をしているのは、人間の持つ価値判断、課題設定能力の大切さ、日常の仕事の中で、いつもと異なったモノ・コトに対処する能力、などの持つ意味である。また後述するが人工知能論者というのは、現実の仕事をほとんど知らないために、メカトロニクスが職場でどのように発達するのか無視をする（見落としている）のである。

†異なる産業への転職の難しさ

また、情報産業の進化と仕事について言及するなら、例えば、銀行やデパートがリストラの時代になってきたから、そこで働いている人たちは、「成長産業」である情報産業、特に不足しているＩＴ技術者になればよい、と言えるだろうか。四〇代後半から五〇代の人たちに、新しい技術を覚えよというのだろうか。無理である。

あるいは、宅配便の仕事や、建設現場、介護職などの人手不足が深刻だから、銀行やデパートの勤め人はそちらに移ればよい、と簡単に言えるだろうか。椅子に座ってする仕事、商品知識や対人関係が基本の仕事と、ロジスティックスやデリバリーの仕事とはまったく異なる。

例えば、銀行で、個人融資、法人融資、あるいは外為の仕事に携わっていた人間に、「宅配便の配達の仕事がある」「建築現場の人手が足りない」「介護施設も求人している」といわれても、その職場に移動するキャリアにはならない。

先ほどの石炭産業の話に戻ってみよう。石炭産業が衰退した頃、成長産業として登場したのは、テレビ、冷蔵庫、洗濯機の三種の神器を擁した電機産業であり、スバル三六〇やホンダの軽自動車の開発、あるいはカローラなどにより、急速に大衆化した自動車産業だった。

九州や北海道などの産炭地から炭坑労働者が、家電や自動車の現場に職を求めた。しかし多くは定着しなかった。仕事のリズムや規律、職場の工程がまったく異なっていたために、炭坑で働いていた人たちは適応できなかったのである。「同じ重労働だからできるだろう」と思っていた人たちの間違いである。それよりも自衛隊などに勤務していた人のほうが、自動車産業の職場に定着した。規律や仕事のリズム、指示への対応、といったことへの適応力があったからだ。

むろん現在の九州は日産、トヨタをはじめたくさんの自動車工場が林立している。しかしそれらは一九七五年以降につくられたものであり、多くは一九九〇年代以降のものである。そこに就労した若者たちは、炭坑の経験のない人たちであった。

あるいは時代がずっと下って、一九八〇年代の後半のこと。国鉄の分割民営化が進み、国鉄労働者の大量リストラが始まったとき、JTBがこれまでの関係から、義侠心により国鉄から三〇〇〇名近い大量の要員を受け入れた。しかし結果はあまりうまくいかなかった。JTBの職場の人間も、労働組合も国鉄からきた人間を温かく迎えたし、仕事も必死で教えようとした。しかし当時急速に進んでいたオンラインの仕事に、特に三〇代後半以降の転職者はついていくことができず、JTBに定着したのは主に二〇代の人たちだった。

いや、JR(国鉄)の内部ですらうまくいかなかった例が多い。北海道などの職員過剰地域から、職員が不足していた首都圏に配置換えをした多くの鉄道員は、首都圏の仕事の量とスピードに目を回してしまった。一日に列車が一五本とか二〇本しか通らない駅で働いたり、保線の仕事をしていた人間は、数分といった間隔で列車がプラットフォームを発着する首都圏ではまったく、業務についていくことができなかったのだ。

どのような仕事にもリズムがあり、注意点といったものがある。一五年、二〇年といった経験(慣れ)は、身についてしまうものであり、「仕事の流れ」が異なる場所ではついていくことができなくなるのだ。

また、同じ職場でも長く仕事から離れていると「慣れ」を失う。東日本大震災が発生したとき、私は被災状況の調査で、石巻市の漁網の巻き上げ機の製造現場を訪れた。土砂で埋まった工場から、その土砂を運び出し、まだ使えそうな工作機械を分解掃除し、また全国の仲間（労働組合のＪＡＭ）から「必要な機械類を言ってくれ、中古を届ける」という熱い支援があり、職場は再建に向けて必死だった。

そのときの社長さんの言葉は「雇用調整助成金の支給が延長されるからといって、それに甘えて長期に仕事から離れてしまうと、カン、コツを含めて、「慣れ」を失ってしまう。そうすると仕事に戻れなくなってしまう恐れがあります」と語っていたが、本当にそうなのである。現場の人間は学者や評論家ではないので、いつも仕事に関してリアルである。

†必要と思う人は努力をしている

マクロ景気の動向や技術革新あるいは、自然災害などが企業や個人の運命に影響（例えば失業）することは事実であっても、その結果としての、就職活動などの行動領域は、技術などを含む仕事能力、年齢や家族、居住地域などの条件によって制約されている。もちろんリカレント教育は大切だ。

しかしそんなことは、必要と思う人はみなやっている。後述するように、必要と思う人間は、新たにビジネススクールに通って学び直すとか、新しい仕事を職業教育で学んでいる。公的な職業専門校にいけば、実務（技術）を身につけるために必死な人の多さがすぐにわかる。生きること、暮らすことに必死でない人は少ない。

あるいは、IT技術者が足りない、保育の現場が大変だ、といった話題が豊富だが、地方の農村や漁村などの人材不足というより人間不足などは目を覆わんばかりの状況だ。海外からの技能実習生によってやっと支えられている地域が多いのである。そうした地域にも仕事はある。住まいもある。しかし人が暮らすということは、人間関係の積み重ねや、暮らしの方法など、さまざまな要因によって決定される。

2　個人的動機と置かれた状況

†絶対的貧困を知らない現代の日本人

中東などの「破綻国家」から脱出する難民や移民ならば、それこそどんな職場でも、仕事があれば就くだろう。そうした生きるか死ぬか、といった状況と、現代日本はまったく異なる。

「下流」「貧困」「格差」「新たな階級」といった言葉を使った言説が多量に流布されているが、そのような論者は、絶対的貧困を知らない。戦中は別としても、明治から、大正、そして戦後、一九四〇年代の後半から一九五〇年代の前半までの日本の圧倒的貧しさを振り返ってみよ。もしそれがわからなければ、今、現在のフィリピンやインドネシアのスラムを見てくるとよい。そこには横山源之助の描いた『日本の下層社会』(一九四九年)の現実がある。明治から大正にかけての日本の圧倒的に貧しい現実を再発見するだろう。

世界銀行が指標とする「貧困ライン」は一日一・二五ドルだが、今日の日本の生活保護などの福祉の水準は、途上国のスラムや日本の一九五〇年代と比べたら「富裕層」に属する。特に医療保護に関する日本の福祉の手厚さは諸外国から見たら信じられないレベルにあると言えよう。

いや、途上国ではなく、アメリカと比べてもよい。かつて、製造業や鉱山、林業(材木)などで栄えた地方都市が「貧困地帯」となり、町の雑貨屋食料品店、バーやカフェの荒廃は目を覆わんばかりである。私は一九九〇年前後に、デトロイトをはじめとしたさまざまな地域を歩いたとき、豊かな地域と貧しい地域のコントラストの大きさに目がくらくらした記憶がある。しかし今はもっとひどい。

J・D・ヴァンス『ヒルビリー・エレジー』（二〇一七年）やロバート・D・パットナム『われらの子ども』（二〇一七年）を読むだけでも前述のような事実を知ることができる。かつては（一九五〇年代から六〇年代のはじめ）自分が貧しいと意識することもなく、工場や炭坑で働く親とは異なり、地域の中間団体の奨学金などの支援で、高校や大学に進学して教会の牧師になったり、弁護士になったり、あるいは不動産業者になったりすることが可能だった時代が遠ざかり、子どもの教育ができないどころか、自分の暮らしを支えることができない人々の増大は、地域社会を崩壊させている。労組やロータリークラブ、各種の業界団体、あるいは農業団体といった中間団体の衰弱は、地域社会の共助というものを失わせたのである。

つまりアメリカは「社会階層を移動する仕組み」を喪い、豊かな階層は貧しい人たちと同じ地域で暮らすことなく、ゲートに取り囲まれた広大な安全地帯で、ヨットやゴルフ場、劇場、ショッピングセンター、そしてなによりも恵まれた教育環境で暮らすようになっている。

だがアメリカの中部や東北部に住む、身近な製材所、機械部品加工の工場や鉱山の仕事を失った人々は、行政から食料スタンプなどを受け取りながら、相変わらずそこで貧しさを生き、若者たちは仕事のない、マリファナなどが身近な頽廃した毎日を送ることになる。

それが世界の現実である。「衰退産業から成長産業」へ人が移動する国などがいったい世界のどこにあるのだろう。労働市場はそれほど柔軟なものではない。人々は特別の能力があるか、あるいは差し迫った事情があるか、あるいはチャンスがない限り、それほど遠くに移動することはない。

†「情報化」は「製造業」に取って代わらない

あるいはお隣の中国という国の地方の圧倒的な貧しさも同様だが、GDPの大きさと、国民の平均的な豊かさを同一視してはなるまい。二〇年前は上海といった先進都市でも、路地に入ると「トイレにドアがない」惨憺たる住環境が目撃されたものだ。

つまり日本のマクロ知識人たちのいうように、シリコンバレーの隆盛が伝えられ、グーグルやフェイスブック、あるいはアップル社の隆盛など、巨大な情報のプラットフォームが築かれているアメリカで、「ラストベルト（錆びついた工業地帯）」からそのような地域や産業に、労働力が移動しているという事実はない。カリフォルニアの先進職場への就労は、アメリカの東部や中部からの人の移動よりも、海外からやってきた勤労者のほうがずっと多いだろう。

一九八〇年代を思い起こしてもよい。「第三の波」を主張し、「ポスト・インダストリアル・ソサエティ」という言葉を流行らせたアルビン・トフラーは時代の寵児であった。ビジネス・ジャーナリズムの熱狂は、現在の人工知能論やＩｏＴと同様である。しかし、当時、私が不思議に思ったのは、「情報化」が「製造業」に取って代わるという発想だった。それらは、相互補完性があり、取って代わる、あるいは代替するものとは思えなかった。「情報化」を担保する機器は「モノ」である。端末が存在することなく「情報」というものはどのように「消費」「受信」されるのか、不思議でならなかった。端末は「製造」されるモノであるからだ。

野口悠紀雄氏などは、製造業は途上国（新興国）の産業であって、アメリカでは自動車産業などもはや衰退産業だ、などと指摘し、先進国は「情報」と「金融」を中心に生きるべきだ、などと主張していた（『大震災からの出発』二〇一一年）。

つまり、製造業は途上国の産業だ、ということになれば日本やドイツ、アメリカなどは途上国である、というのが野口氏の認識となるのだが、どう考えても首を傾げる主張である。例えば、現在のアメリカは、情報産業の発達と並んで製造業も積極的にがんばっている。もっとも野口氏は一〇年前の主張に関しては、最近は口をつぐみ、もっぱらビットコイン論などにシフトしている。

もちろん産業別の就労者のパーセンテージが変化し、製造業に従事する人間が相対的に少なくなる、という事実はあるだろうと思う。一次産業の農業などはもっと少なくなるが、アメリカの場合はメキシコなどからの不法移民が就労(従事)することによって、不足を補っている。

†製造業とサービス業は分離できない

「第三の波」論から三〇年以上経過した現代も同様である。半導体が代表例だが、素材や製造装置という「モノ」の進化により「情報技術」は進化する。それは同時並行だ。「情報」という「重さのない世界」は、モノという「重さのある世界」とウラオモテとなっている(藤本隆宏『現場から見上げる企業戦略論』二〇一七年)。

もちろん一九九〇年代に入ってからのグローバル化は、かつてのように、アメリカと日本、といったように一国あるいは一地域の関係の変化ではなく、多国間の相互依存・相互利用の変化をもたらしている。それゆえ製造業の製造基地などの移転が激しい。しかしそうではあるが、同時にいえることは、日本国内の工場は、生産工程のモデルであり続けることによって存在し続けている。

自動車、医療機器・設備、建設機械、工作機械、無数の一般機械。自動機（ロボット）、そしてなによりも半導体製造装置など……、みな情報機器を取り込んでいる。大切なのは情報とそれを扱う機器の利用の仕方である。もちろん日本のメーカーは徹底してそれを利用している。

またレストランやコンビニあるいはスーパーマーケットなどに並んでいる食料品の多くは、レトルト食品を中心に、食料品製造加工装置によってつくられている。現場で見学するとすぐにわかることだが、料理の素材である、肉やジャガイモ、人参、タマネギ、各種の香辛料などが、自動機によって次々とラインで加工されているのがわかる。別にAI論などが登場する前から、食品加工の設備を設計・製造するメーカーは取り組んでいることである。

うどん・蕎麦はもとより、ハンバーグやカレーあるいは各種のシチューなど、レトルト食料品は、製造装置（ロボット）でつくられている。

つまり製造業とサービス業を分離して論じても意味がないのだ。例えば、増大する介護サービスにしても、施設の各種の介護機器の発達は、働く人たちの現場の声をキャッチし、取り組んで開発した物が多い。単純な話が、デイサービスの送迎用車両などもその一つである。

†友人が最大の財産だ

繰り返していうが、日本の企業も技術も急速に変化している。それゆえ、働き方も働く場所も流動化しつつある。とはいえ、すでに指摘したように、いつの時代でもそれは同じである。ただ、一九四〇年代や一九五〇年代には六〇歳程度だった平均寿命が、豊かさの結果として近年大きく伸びており、現在では八〇歳を超えても多くの人が生きている。その違いは、物事を考える上でとても重要だ。労働年齢も延長されるのは当然のことである。

しかしファイナンシャル・プランナーなどによる、老後に向けた現役時代の過ごし方（お金の貯め方、倹約・節約の仕方）などを読んでいると、私などはかえってホッとする。「ああ、こんな計画的な生活はできないし、してこなかったから、もうどっちみち、間に合わない」とすぐに理解し諦めがついてしまうのだ。といっても反省も後悔もしていない。今さら「老後に三〇〇〇万円必要だとか五〇〇〇万円用意せよ」などと言われてもどうにもならないことがはっきりしている。努力のしようがないのである。

また四〇代から老後・定年後を考えて子どもの教育、住宅ローン、老親の扶養の予定を立てたり、自らの老後を考えて、貯蓄や投資などをして暮らしているような「深慮」「慎重」な人と、私はとても友達にはなれないだろう。こちらは「浅慮」と「軽率」「軽薄」の中で生きて来たからだ。もちろん日比谷公園の造園をはじめとして、日本の庭園、造園をリードした天才・本多静六のように、蓄財と仕事とを両立させた大才がいることも承知しているが、凡人が天才を真似ることなどできない。

頼まれて、備後（広島）、岐阜、北陸三県などで、中小企業の二代目さんや、中堅企業の経営管理者などを対象に（傲慢にも）「中沢塾」という講座を開いているが、そこで強調するのは、やはり自己投資だ。「中年期」であっても同じである。「海外を見て歩け。本を読め。見聞を広めろ。自分を磨け」「バカはバカとしか出会えない。優れた人間と出会いたかったら、背伸びして自分も優れた人間になれ」と繰り返し言っている。いったい「友人」以外に財産と言えるものがあるだろうか。名刺を何枚交換しても人脈などは広がらないのである。

相手と語り合う言葉を持っているか、相手の発言を引き出す知識があるか、それを咀嚼して理解する能力があるかどうか、といったことが問われる。

「資本」や「設備」と違って「人間」は、自ら成長する「資源」であり、「何をどうしたらよいのか」という価値観と、課題設定能力を持っており、その能力を養うことが、日々の生き方を決めると私は思う。

とはいえ、みな年を取るし定年はやってくる。

たまに会う五〇年前からの友人たちと話していると、高校を卒業し就職し、楽しかった青春時代の苦労話や、バカ話でいつも盛り上がるが、リアルなのは年金の使途である。

「最近Aさんたちとあったけど、生ビールを飲みながら、あーあ、生ビールはうまいなあ。最近は家では偽ビール（発泡酒）ばかり飲んでいて、ウイスキーも日本酒も減らし安い焼酎ばかりだよ、と、こぼしていた」などという寂しい話も聞くが、昔、月給一万円の時代に一万円もしたジョニーウォーカー黒ラベルが二〇〇〇円で買えるようになり、ジョニーウォーカー赤ラベルなら一二〇〇円である。悪いことばかりではないのだ。また「あの頃の貧しさから考えると、ずいぶん贅沢になったよね。悩みのレベルが」などという話になる。

一九六〇年代に青春を過ごした人間は、私のように高卒のワーカーの場合、月給が一万五〇〇〇円とか二万円くらいで、新宿の小便横町で、クジラ肉のカツや、アジフライと納豆と卵のご飯がせいぜいの贅沢だった。二〇一〇年頃のタイやインドネシアの水準だったと言ってよい。上を見ればきりがないが、つまり豊かで恵まれた日々がやってきているのである。

†個人的な動機による転職

「働き方改革」論や規制改革論の隆盛で、「同一労働同一賃金」「一億総活躍」などと相変わらず日本型労働市場の改変への意見が喧しい。

しかし繰り返していうが、人々が暮らし方を変えたり、転職をするのは個人的な事情が基本である。また雇用制度は、それぞれの国や地域の地政学的な条件により、形成された「歴史経路」によって制約されており、金融政策のように、人為的・論理的に政策転換するものではないし、できるものではない。

会社が左前になって、従来よりも急速に労働条件が低下したり、場合によってはリストラによって退職せざるを得なくなる、といった消極的あるいは他律的な事情による退職・転職はもちろんある。その一方で「自分の能力や技術をより活かしたい」「もっとよい労働条件の職場に移りたい」といった積極的な動機による転職もある。

しかし国家が手助けすべき領域は限られているし、限られるべきである。

国家は「職場はどうあるべきか」「どのように生きるか」という企業のあり方や人生の目標を語るべきではない。大切なのは労働基準法を中心とする労働法の制定・改正とその運用の厳格化である。転職・転換に関しては、ハローワークや各地の職業訓練校などとても充実したものがある。そちらを大切にせよ。ハローワークの職員を非正社員のままにしておいてはならないのだ。もちろん民間のマッチング・紹介機関もいくつもある。

だが(もう一度言う)マクロ経済学者がいうような「衰退産業から成長産業への労働力の移動による経済の活性化」といった転職を個人的に志すようなことはほとんどない。それは日本だけではなく、世界中の現象である。

多くは個人的な動機と、置かれた状況によって積極的、消極的に職を変える。

†よい中小企業は不況時に採用する

それゆえ、よい中小企業は不況になると積極的な採用活動に乗り出す。特に多くの企業が人員整理を始めたときこそ、「今だ！」とばかりに積極的だ。近年で言えば二〇〇八年のリーマンショック時のような、製造業の多くが八〇パーセントも仕事を喪失し、仕事がほとんどないときに採用に乗り出した。社内には「こんなに仕事がなく、草むしりなどに精を出しているときに社長は何を考えている」などという意見があっても「今でなければ人は採れない」と走り回る会社が勝利するのだ。

もちろん不況期の経営は大変なのだが、その後の経過を見ると、積極採用は大正解である。循環する景気によって、仕事が戻り、特にV字型の回復などを示すときには、不況時の採用が急速に生きてくる。好況期には絶対に採れない有為な従業員の活躍が始まり、職場はどんどん生産性が上がる。

私は三〇年近く職場での聞き取り調査に従事した。約一二〇〇社の企業を訪ね、尋ねたが、そのほとんどが中小企業であったために、企業の歴史は五〇年を超えていても、新卒で入社し四〇年勤続しているなどという人物は稀である。しかし、それでも中心的メンバーのほとんどが、世代的には五〇代、六〇代で、二〇年、三〇年の勤続である。つまり彼らは転職経験者なのである。

人生が長くなり、仮に長期勤続をしたあとに定年退職したとしても、人生の残り時間が、「残り」とは言えないほど長くなり、法的にも「延長勤務」が当たり前になってきたが、そんなことは中小企業にあっては以前から当然の雇用形態だった。

そのような結果「仕事の時間」は、その関連時間を含めると人生のほとんどを占めていると言っても過言ではない。それゆえ、仕事の時間が、充実することを願うのである。

第三章

さまざまな職場の仕事のタイプを考える

1　現実の職場での配置と訓練

†仕事の覚え方と能力格差

では今度は、「仕事の経済学」や「キャリアデザイン」の専門家たちの説明を参考にしながら、現実の職場での配置や訓練、あるいは転職のための準備や実際の行動の具体例を少し見てみよう。結論を先に言っておくと、うまくいった転職者たちは自らの技を磨いているものだ。

まずどのような職場でも共通する「仕事能力」のレベルを考えてみよう。

例えば、「仕事の経済学」の第一人者・小池和男氏は、次のように職場での仕事能力のレベルについて述べている。

レベル一　生産ラインのスピードになんとかついていける。ただし品質不具合は検出できない。期間工、アルバイト、駆け出しの正社員がこのレベル。

レベル二　普段の作業なら職場内の仕事をこなせ、職場内ローテーションが可能となり、欠勤の代わりもできる。さらに職場内で三から五程度の仕事は、品質不具合の検出も含めこなせる。設備が不具合のとき、操作板のボタンを操作しもとの位置に戻せる。若手正社員層がこのレベルである。

レベル三　職場内のほとんどの仕事がこなせ、品質不具合や設備の不具合の原因推理もできる。原因がわかればその対策も考える。中堅層がこのレベルである。

レベル四　最も高度な変化すなわち生産準備もこなせ、したがって海外での教え手もつとまる。

レベル四になると、技術陣と一緒に、新たな生産設備の設計、設置の相談・提案もできるようになる（『仕事の経済学　第三版』二〇〇五年）。

この仕事能力のレベルの区別は、いうまでもなく、自動車産業の技能工の職場の事例だが、私の聞き取り調査でも、多くの産業に普遍的に通用する能力の区別でもある。大体の職場でこの四つの能力区分は当てはまるだろう。どこの職場でもこのレベル三が仕事の中心的な役割を担う。またこのレベルに達するには、八年から一〇年の期間を必要とする。

†大企業の新人育成方法

次に大企業の総合職のホワイトカラーと技術職の仕事の覚え方、職務経験の積み方を見てみよう。いわゆるOJTの実際である。以下は阿部正浩・菅万里・勇上和史編著『職業の経済学』(二〇一七年)で紹介されている事例である。

一万人を超える従業員を擁する、産業用ロボットなどメカトロニクス製品のメーカーA社では、総合職を次のように育てている。

まず入社後三年間が義務教育期間として位置づけられている。新入社員は最初の二週間の導入研修で、規律・マナーの習得、経営理念やビジョン、会社の諸制度といった組織の理解を学ぶ。もう一つはチームワークの体感である。次に国内工場に配置し工場実習を三週間行う。その後、各部門に配置されるが、入社半年後に新入社員海外現地法人実習に就く。二週間ほど中国の工場製造ラインで組立工程作業の実習を受けて現地のものづくり、製造員の働き方・考え方に触れ、また海外駐在員や現地のエース社員の話を聞く機会を設ける。

なお私の調査では、製造業の場合はどんな会社でもホワイトカラーの初期研修は工場での作業からスタートする。その期間は三ヵ月というのが普通である。

またA社は入社一年目には研修と並行して新入社員語学研修が実施される。そのような研修以外でも、グローバルな事業展開を担当するために、海外拠点での開発力、生産力、販売力を強化するための研修や、将来の経営リーダー候補の計画的育成を目的とする早期の選抜型の研修もある。

早い選抜は企業によって差があるが、私の観察では三年から五年目には一選抜が実施され、そこから漏れた場合は課長止まりであって、部長級以上になるのは難しい。

もともと職場というのはたくさんの「分業」によって成り立っている。市場調査や製品販売をする営業、お金やその流れを管理する経理や財務、採用、配置、教育研修、給与計算、社会保険手続などの、総務・人事、など事務部門も無数の仕事が必要だ。そしてそのような事務部門でも、前述のような新人研修は施される。自分の会社の「商品」や「サービス」がわからないのでは仕事にならない。

また、例えば総務・人事の仕事に従事するためには、一ヵ所につき三年程度のサイクルで、国内外の事業所に移動し各部門から人事へのニーズをキャッチする能力を身につけたりする。

次に、この『職業の経済学』という、優れた実証本から、A社の技術職（研究・開発職）の配置を見てみよう。

①どの事業部も取り組んでいない新製品については本社の研究・開発部門で数年かけて企画・試作・評価・ブラッシュアップを繰り返し製品にして事業部に移管する。②各事業部の開発部門は、既存事業における新製品の開発設計、本社部門から移管された設計情報を生産部門が量産可能な形に落とし込む、といった棲み分け作業をしている。新入社員は初期研修の後、本人希望と適正のマッチングを考慮しながら配属を決め、OJTとOFF・JTを組み合わせて、研究開発力を磨く……ことになる。そうした配置転換と学習によって一〇年、一五年で一人前になる。

これは大きな会社の人材育成の仕組みである。新卒の一括採用を中心に、企業の内部での配置転換を繰り返し、仕事を覚え、本人の適正が判断され、だんだん専門化する。いわゆる内部労働市場が成立している大企業である。

しかし、一読して了解できるのは、これはA社固有の製品群と開発力を前提とした人材育成である、ということだ。事務部門の仕事でも、保険会社や銀行、情報通信あるいはサービス業に行っても通用する「仕事能力」ということではない。

†それぞれの仕事事情

それは運輸サービス、医療・福祉、教育、といった職場で働いている人も同様である。熟練したら、その熟練を活かせる場所で働くことが大切だ。例えば、スーパーマーケットの鮮魚を扱っている職場の人間が、魚を三枚におろしたり、ウロコを削りおとしたり、骨を抜いたり、内臓を切り分けたり、マグロを解体したり、各種のフライを揚げたり、あるいはサンマや鯖そして赤魚などの切り身などを上手に焼いたりする技術を身につけたら、その技術を活かして仕事をすることを大切にするのと同様である。

筆者が勤務した広島県の福山市や尾道市といった地域にあるスーパーマーケットの四〇代の店長にインタビューしたとき、都市部と比べて正社員の賃金の低さに驚いたことがある。店は一〇時の開店だが、朝八時過ぎには出勤して、到着した各種商品の搬入や棚への品揃え、パートへの各種伝達を含めた朝礼、そして開店まで、無数の仕事をこなし、かつ各種の事務仕事などもあるため、忙しさはただごとではないものがあった。毎日の勤務時間は一一時間を超え、週休はやっと一日である。それでいて年収は四〇〇万円に足りない。時間あたり賃金は一〇〇〇円を超える程度であり、最低賃金は上回っているが、パートの時間給とさして変わらない。むろん年金などの会社負担分の付加給付はあるが、勤続一五年、二〇年にしてこの程度である。

しかしだからといって、オリンピック向けの建設現場で働いたり、ＩＴ企業に移動すれば、もっと高額の賃金になる、などといっても、彼らが転職のために移動する可能性はない。

子どもの成長や両親との関係を含め、日々の暮らしは変えにくいものだ。また一〇年、一五年とつちかった仕事能力への慣れと愛着もある。

あるいはタクシーの運転手さんなどの場合は少し異なり、「年齢」によってはかなり大きく移動する。例えば、群馬県や山梨県といった地域での水揚げは一日で平均して三万円には届かない。場合によっては二万円程度とのこと。しかし東京に来ると、日に四万円の水揚げは難しくない。もちろんとても忙しいし、道路混雑によるハンドルさばきに気は抜けないし、なによりも走りが広域になり、道が複雑だ。しかし昔と違い、ナビはあるし道が整備されていて、「基本は体力」ではあるにしても「効率よく客を拾う経験と土地勘」の獲得が大事だと言う。そしてケータイの発達により、会社からの指示への対応も簡易になりつつある。三〇代、四〇代の年齢であるならば、個人差はあるが「東京に来たほうがよい」と語る運転手さんは多い。

†普通の人は常に「具体的」

事例は無数にあげられる。筆者の調査・研究の基本は、現場を見て、現場で話を聞くことにある。むろん関係する本は無数に読むが、その結果は現実の職場で確かめることを原則としている。それは書かれていることを疑ってではなく、追体験をするためである。したがって、「アメリカでは……」「ヨーロッパでは……」といった漠然とした比較は自分ではしない。

その結果言えることは、普通の勤労者は技術革新の変化や景気動向によって、企業を自由に横断することなどないし、「日本的雇用慣行が、日本経済の発展の桎梏になっている」などという意見は、現実の生活や企業活動と無関係な知識人の空想の理屈でしかない、と思うのだ。

仕事で必要な技能・技術はまず会社で覚えるのが当たり前のことである。会社の存続と繁栄はサービス業でも製造業でも同業他社とは異なった、固有の技術やサービスをどれだけ内部化しているかに尽きる。「内部化」というのは、組織的な「業務の改善能力」と、個人の能力をどのように引き出すか、という方法論の開発力（人事管理）を基礎とした組織作りである。

また現実の職場で仕事に従事することによって、自分の限界や向き不向き、あるいは「問題意識」といったものを身につけていくのである。その結果が「転職」につながったりするのである。マクロ経済を考えて「転職」をする人もいるのかもしれないが、それは普通の勤労者ではない。普通の人間は常に「具体的」である。

それぞれの職場で身につける仕事の能力に関しては「第一章」でも若干触れたが、人工知能論やＩｏＴ論者が盛んに振りまくような、インターネットで問い合わせれば用が足りるといった技術・能力では、とても企業間競争を生きることはできない。

結論的に言えば、企業の固有の技術や、生産設備（とその使い方）が簡単にわかったり、サービスの「質」といった、個々人の人的資源の能力や内実がインターネットでつながったりはしないのである。巨大なビッグデータのプラットフォームを訪ねればそこで簡単に手に入る、といったことはない。「情報」として、無数の「消費」や「発言」を集積し、分類し、解析し、利用することは可能だろうが、商品企画、研究開発、生産設備の設計開発、生産方法の確立とその改善といった方法（プロセス）は、社内情報（資産）として蓄積するものであり、「プラットフォーム」情報として不特定多数の他者（他社）と共有して蓄積することはできない。

それは企業の競争力そのものであり、企業の内部か、あるいは企業間の連携の「内部化」によって蓄積されるものである。

企業経営の要諦は「組織能力を構築する力」（藤本隆宏氏）である。その組織能力の構築方法を、ＩｏＴで広く世間に公開する会社など世界に存在しないと言ってよい。またいわゆる「カイゼン」を中心とする「トヨタ方式」にしても、大野耐一氏の著書を含め無数の記録（本）はあるが、完璧に模倣（身につける）することはできない。何故なら職場というのは毎日、「何を」「どのようにしたらよいか」という価値観による問題意識・課題設定能力を成長させる場所だからである。

†基幹社員とその限界

さて、次に三〇名、五〇名といった規模の中小企業の職場と公務員の職場を見てみよう。

製造業ならばその規模の事務部門は三名から五名程度である。基本的には、経理と総務、そして営業事務であり多くは女性である。総務の場合は「他に属さざることの全て」を司る。新人の採用の仕事はもとより、郵便物の処理、社員の出張関連の事務。例えばＩＳＯの認証を取得する場合は、その進行作業まで行ったりする。むろん、社会保険労務士と相談して就業規則を整備したり、社長と一緒に中小企業診断士と相談して経営方針に参画したりもする。お客が来たらお茶を出したりするのも当然のことだし、取引先の重要人物の葬式があれば、その手伝いに行ったりもするのである。

むろん仕事の覚え方には個人差がある。しかし基本的にどんな会社でも、基幹社員として、一人前の戦力（小池氏の区分によるレベル三）になるには前述のように、事務部門でも技術部門でも、八年から一〇年はかかるといってよい。企業の規模が小さくとも、サービス業でもものづくりでも、企業ごとに固有性は必ず存在する。マニュアルも企業毎に固有だ。そうでなければ、価格競争だけが競争力になってしまうからだ。そのような固有のサービス方法や技術を身につけたとき、なくてはならぬ人の一人といった職場内での地位を確立するのである。八年から一〇年という時間はそのための必要時間である。

ただ、早い選抜が行われる大きな会社の場合でも、入社して五年間くらいは同じ定期昇給であり、賃金では差がつくことはない。職務で差がつくのである。

では地方公務員の場合はどうだろう。行政人事の専門家である圓生《まるみ》和之氏は次のような事実を指摘する（『一番やさしい地方公務員制度の本』二〇一六年）。

地方公務員（国家公務員もほぼ同様だが）の場合も、一〇年くらいは賃金に差はつかない。ただ、同じ職位であっても、重要な仕事とそうでない仕事の差はあり、働いていればそれはすぐにわかる。一選抜は一〇年から一五年ではっきりする。つまりその後の出世の道が分かれる。挽回の可能性はゼロではないが、かなり難しい。民間企業と同様である。係長か課長止まりの人間と、部長・局長、そしてその上に行く人間は経験する職務の幅によって分かれる。生涯収入も四〇年勤続の結果、数千万円の差になる。

2　転職のための準備や行動

†「先が見えてくる」時期に考えること

以上のように、民間も公務員も、勤続一五年もすれば、ある程度は自分の「先が見えてくる」ものだ。ましてや二〇年勤続ともなれば、一人前は当たり前だが、それ以上の職位・昇進の限界も見える。悩み始めるのはその頃である。それは官も民も同様である。

四〇代後半くらいから多くの人間が悩み始めるのはそれゆえである。仕事にはそれなりの責任と結果が伴う。また仕事の仕方も、会社から目標や方法を示されるのではなく、自ら考え行動しなければならない。二〇代とは違って、裁量と決定の領域が異なって来ているのである。

しかし同時に一選抜から外れた先輩たちを見ていると、五〇歳を過ぎた頃の自分も見える気がする。課長や次長といった役職からの「定年」も視野に入ってくる。役職定年となり、指揮命令のラインから外れたときは気楽になるにしても、ハリは失う。そんな事例をたくさん見ている。しかも技術革新や仕事の変化により、自分の経験が陳腐化して、役に立たなくなってきたりもする。あるいは会社それ自体の限界が見えたりもする。ではどうする。

あるいはもっと積極的に、これまでの経験から、もっと別の仕事に飛躍したいと思い始めたりもする。

また仕事に従事する上での大きな問題は「満足感」や「充実感」である。「自己効力感」といってもよい。自分にやり直すチャンスや方法はあるのだろうか、と迷い始める。答えは簡単だ。「充分にある」。長くなった人生、長くなった職場生活で、二度や三度の転職や転換は当然のことである。しかし、それを前提とした上で問われているのは、それ以前のことである。自分がどのようなキャリアを生きたいのか、ということである。それは必ずしも長期の計画である必要はない。何が何でもやりたいことがあれば、それはそれで充分だ。

まず取り組むべきは他でもない、現在の会社の中での仕事である。つまらない仕事でも全力を上げているかどうかが問われる。それと同時にどのように自己投資をしてきたのかが方向を決める。

†一般的なキャリア形成

キャリアデザインの第一人者とも言える大久保幸夫氏（リクルートワークス研究所長）は、仕事人生について「筏下りと山登り」という説明をする（『キャリアデザイン入門1』二〇〇六年。『日本型キャリアデザインの方法』二〇一〇年）。

大久保氏によれば、「筏下り」とは「初級キャリアのイメージを表すものである」。しかし「川の下流に目指すものがあるわけではなく、そのプロセスに意味がある」とのこと。

仕事に慣れないうちはさまざまな苦労と失敗を繰り返す。「自分がどこへ向かっているのかもよくわからない。とにかく目の前の急流や岩場を乗り越えていくのである。一つの急場を乗り越えれば、また次の難所がやってくる。その繰り返しの中で力をつける」と大久保氏は言う。

確かにそうだ。入社して五年、一〇年は初めての仕事が多く、一本の竹竿を頼りに、筏で激流を下るような緊張と、ホッとした気分の中で揺れるのである。しかし七年、一〇年と仕事をしているうちに、緊張の連続とも言える激流が、実は穏やかな流れであるように思えてくる。変化したのは流れではない。仕事を覚え、さまざまなトラブルへの対処に慣れることによって、流れがゆるく感じるようになったのだ。小池氏の指摘するレベル三に到達したのである。

そのときに「山登り」の日々がやってくる。自分で仕事の目標を設定したり、キャリアデザインをして、仕事人生の後半を設計せねばならない。自分が目標として来た人物のようになれるのか。そのために何が必要か。それを自分で考え用意せねばならない。

私に言わせれば、まず会社（仕事）を舞台に、自分を成長させることができるかどうかが問われる。言いかえれば、自分が成長することが、会社にとってもよいことだ、と思い行動することだ。積極的に内外で自分のネットワークをつくり、自己を高めることが求められる。

†メンバーシップ型とジョブ型の違い

とはいえ、以上のようなことが、企業の内部でも可能なのは、いわゆる大組織である。濱口桂一郎氏のいう、新卒を一括して「社員」として採用し、内部で仕事能力を育成する「メンバーシップ型」採用の職場である（『若者と労働』二〇一三年、その他）。

しかし日本の勤労者の七〇パーセントは、そのような「メンバーシップ型」採用からは排除されている。勤労者の七〇パーセントが勤務する中小企業は基本的に「ジョブ型」（職務採用）である。しかもそのジョブ（職務）はそれほど広くない。限られた仕事の中にある。

前述の『職業の経済学』に記されているように、大企業は仕事の川上から川下までの流れが長く、さまざまな職種があり、しかも関連会社や外郭団体まであり、配置転換、職務転換の領域と機会が広いのである。それゆえ、企業の存続の危機といったことが訪れることがなければ、人生設計上の「機会損失」を考慮して、「転職」は断念する。悪い言葉で言えば「会社にしがみつく」。ただ、それはあくまでも三〇パーセントの人々の仕事世界である。

とはいえ、識者の「いったん入社すれば退職まで働けるような時代は終わった」などということは無意味である。そんなことはみな知っている。鐘紡、ソニー、シャープ、東芝、そして一九九〇年代の終わりから二〇〇〇年頃の大銀行の破綻と混乱の事例を見れば、みな世の中の動きはわかるし、社内の軋轢を見ているだけで、「わが身の明日」を考えるものだ。

第四章

地味な普通の人たちの転職

1　海外勤務を経て帰郷し転職した男性技術者の事例

†大手メーカーへの転職

　さて、この辺で一般的な日本の多数派の仕事の場所としての中小企業、つまり二〇名、五〇名、七〇名、一〇〇名といった規模の職場における、転職や転換の事例を見てみよう。そのような職場は、ジョブの種類に限度がある。それゆえ、向き不向きの限界につきあたりやすい。中小企業に転職が多いことの理由の一つにそれがある。

　転職のケースは実際には無数にあるので、特定の事例で全体を代表したり、象徴させたりはできない。ただ、ここで紹介する転職は、ビジネス・ジャーナリズムに登場するような、アメリカのビジネススクールで学び、外資系の投資銀行や情報産業をいくつか経験し、M&Aのアドバイザーになった、というような華やかな事例ではない。ただ「意志的」「積極的」な努力が転職には伴っている、という普通の庶民の転職例である。

　まず、福井県のあわら市や坂井市で二〇一四年から取り組まれている、バイオマス・エネルギー事業の中心的な技術者であるOさん（一九七八年生まれ）を紹介しよう。

Oさんは二〇〇一年に大阪の大学で機械工学を学び卒業し、一〇〇名ほどの規模の工作機械メーカーに勤めた。NC（数値制御）のワイヤーカット放電加工機の設計、組立などに三年間ほど従事したが、同業の大手メーカーとの技術格差を痛感し「もう少しクリエイティブな仕事はないかな」と悩んで、二〇〇五年にトルクコンバータなどをつくる、大手自動車メーカーの一次協力メーカー（ティア1）に転職した。

しかしその大手メーカーの仕事は、Oさんにとってはさして「クリエイティブ」とは思えないものだった。セットメーカーから指示される「要求仕様」の図面通りの加工が基本だった。むろん図面を渡されたときに、その通りにつくることが基本だが、その図面へのさまざまな「提案」は可能だし必要なことでもある。しかしそれでもこの仕事はペーパーエンジニアに過ぎない、とOさんは思ったという。はっきりいって「小さな工作機械メーカーのほうがクリエイティブだった」とのこと。

だが転機はあった。勤務先のメーカーはその後、メキシコに工場を立ち上げたが、海外工場への勤務に手を挙げる技術者は少なく、Oさんは新しい経験を求めて、二〇一一年に海を渡った。「さして英語ができたわけではないが、知らないことに取り組むのは楽しみだった」という。現地での仕事は日本から送られてくる図面の製品を現地の従業員に教えてつくることだった。つまり技術移転が仕事である。

†メキシコでの仕事

メキシコの理工系の大卒技術者は優秀な人間が多かったが「チームワークがダメだった」という。

私もたくさんの海外工場で調査して来たが、どこも同様だった。特に途上国の場合は、産業の歴史が浅いため、会社としての仕事の流れ全体をマネジメントする仕組みをつくるのが難しい。特にエリートは、機械油や切削の粉末などが、手について汚れるといったことにためらいがあったりする。その点、日本人は手や作業服が汚れることは当然のことと思っている。

また途上国のエリートは優秀であればあるほど個人プレーになる。みんなで協力しないとできない仕事がある、ということが体験的にわかるということがないのである。

Oさんのメキシコでの暮らしは治安のよい場所でもあり、暮らしそれ自体には不満はなかったが、二年ほど働き、仕事の進め方で個人の力ではどうにもならない限界を感じた。

それは日本の本社とメキシコ法人の生産能力、生産方法のズレである。日本からは「なぜできないのか」との問いが続き、現地では「なぜできるのか」という疑問がいつも生じていた。海外への技術移転の難しさを、現地を知らない本社の人間は理解しない。

海外の工場が日本国内の工場の平均的水準に追いつくには、やはり、一〇年勤続、一五年勤続の人間が、職場の一〇パーセントから二〇パーセント以上存在する、といった「層」をなす必要がある。私の海外展開の工場調査では、それが現実だ。そして日本のマザー工場のように、新たな技術開発や工程開発、あるいは取引先との独自の「擦り合わせ」をするようになるには二〇年以上の時間を必要とする。現地を知らない人間にはそれがわからない。

†福井での再転職

現地の駐在員が一番困ることはそうしたことである。Oさんは現地と日本との狭間でついに「机をたたいて」退職した。そして二〇一三年に、結婚した奥さんの故郷である福井県に戻ってきた。特段、仕事のアテがあったわけではない。「なんとかなるだろう」といった気分だった。とはいえ、もちろん技術系は強い。また福井という地域は、東京と並んで有効求人倍率が全国トップであり、失業率が低い。そして三世代同居率も高く（四〇パーセントに近い）子どもを両親に預け奥さんがフルタイムで働くのが一般的だ。それゆえ世帯収入が年収で平均八〇〇万円を超えており、全国でも屈指の「住みやすい地域である」。Oさんが福井に移住したのは自然である。

Oさんは機械工学を学んだが、「電気系」の経験がないことを考え、公的な職業訓練所で電気設備の工事などの勉強をした。

そのとき求人があったのが、新しい取り組みである木質バイオマスの会社だった。地元・福井市で、電子部品の販売や、トンネルなどの電気設備の設置・修理などを行っている三〇〇名ほどの中堅メーカー、(株)マルツ電波などが母体の会社で、坂井森林組合やあわら温泉の旅館なども発起人として加わっている。

Oさんは以前から「自然エネルギー」に関心があった。ただ、大学を卒業した頃はまだ、それがビジネスになるという気運はなかった。しかし二〇一一年の大震災以降、急速に気運が高まり、各地で各種の取り組みが始まった。福井県もその一角だった。

Oさんはトルクコンバータのような回転機械を経験し、次に前述のように公的な職業訓練所で電気系の技術を身につけていたので、転換の能力と基礎はあったたし、その意志もあった。もちろんエネルギー源はいくつもあるが、福井は、水力発電は開発され尽くしているし、風力は落雷が多く不向きなので、森林を資源とするバイオマスがよいと思っていたという。Oさんの希望はかなえられ、「新エネルギープロジェクトチーム」の中心メンバーの一人としてスタートした。

†バイオマス・エネルギーに携わる仕事

木質バイオマスとは、うんと簡単にいうと、使い道がないと思われていた間伐材などを利用して、細かく切削した材料を使ってチップやペレットに加工し燃料として、給湯、暖房などの熱源とし利用する仕組みだが、国土の約七〇パーセントを森林面積が占める日本での、新たなエネルギー源として注目され、いまや全国各地で取り組まれている。

Oさんにバイオマスに関する仕事の具体的なイメージはなかったが、採用されて、まず国内の先進的な木質バイオマスの取り組みをしている工場の見学に行き、続いてバイオマスの「先進国」であるオーストリアに見学に行った(二〇一五年)。

まず、バイオマス・エネルギーの「流れ」(工程)を見て、全体を理解し、次に熱源をつくる小型ボイラーの機械・設備、構造部品を理解した。都合三回オーストリア、ドイツを訪ねたが、もともと工作機械のメーカーで働いた経験から、ドイツ、オーストリアの機械技術についての理解はあった。「彼らはもともとチャックのつまみ方が上手だったり、構造部品の扱い方が巧みである」ことがよくわかった。しかし実際にボイラーを購入して日本で動かしてみるとさまざまな問題が発生した。

まず、日本の燃料（木材のチップ）が乾きすぎていて燃えすぎること（オーストリアは乾きが足りない）。そうしたことからボイラーのトラブルが多発した。現地（オーストリア）では存在しないトラブルだった。それだけではない。実際に稼働しようとすると、燃えカス（灰）が詰まる。またケーブルが焼けたりして、その原因がわからなかった。

そうした故障を修正するにしても、ボイラーの図面がなく、日本の設備業者は図面がないと修理はできないという（もともとヨーロッパのボイラーは標準化されているので、配線などは細かく描かない）。そこで、トラブルの状況をよく説明してオーストリアに設備の修正依頼を繰り返し頼んだ。遠いし、コミュニケーションの難しさもあり、悪戦苦闘の日々が続いた。しかしなんとか順調に稼働するようになり、日常的なトラブルの克服は自分たちで取り組めるようにもなった。

もともと材料のチップ（木材を細かく刻んだもの）が異なり、稼働率も違う。またチップをボイラーに投入する回転テーブルが、なぜトラブルを起こすのか、といったことがわからず、一つ一つ自分で考え修正を続けたという。

もともとこのプロジェクトは林野庁の委託を受けてスタートしたばかりだったが、リクルート社に勤務していた「転職者」たちと一緒に始めた仕事だった。まる二年、悪戦苦闘してやっと仕事は軌道に乗った。

しかしOさんの仕事は、モデルがなく、マニュアルもなく、全てが手探りだった。IoTやビッグデータあるいは人工知能があれば仕事が簡便になるなどと主張している人に是非取り組んで欲しいことだった。

またOさんが技術で苦闘しているその間、バイオマスの燃料としての間伐材の伐採にまつわるさまざまな厄介な仕事が並行した。木材の伐採、その搬出、そのための林道の整備、林道をつくるための地権者との交渉。これは絶望的に難儀である。一〇〇年を超えた山林の地権者は無数に細分化され、土地の所有権者を確かめ、印鑑を集めるだけでも容易ではない。林業組合がしっかりしていればよいが、日本の山は、農地以上に「放棄地」が多い。

ドローンがあれば森林の管理がラクになる、などと言っている人間は、森林の管理の全体が見えていない人である。ドローンが役に立つ場所と役に立たない場所との区別がついていないのだ。しかし、ともあれOさんの帰郷と転職はうまくいき、話を聞いていて、やれやれと思った。

2　MBAを取得した女性の転職事例

「自分には「傭兵」が似合いそうだ」

もう一人例に挙げよう。兵庫県に住むNさん（女性）である。彼女は兵庫県にある大学（文系）を卒業し、県内のメッキメーカーに就職した。そのメッキメーカーは、大手半導体メーカーの機能メッキを請け負うと同時に、各種の装飾メッキも行うメーカーであった。以下、Nさんへのインタビューをそのまま紹介する。前述のOさんは職業訓練校で学び直したが、次に紹介するNさんは土曜日に学ぶことが可能な、職場に近い神戸にある大学のビジネススクールで学び、経営学修士を取得すると同時に、中小企業診断士の資格を身につけ、出産と転職を並行させながら、新天地へと移行した。以下、質問と回答を紹介する

《質問1　勤めていたメッキメーカーには、何年に入社し、何年勤務しましたか。》

二〇〇七年四月に入社し、九年間在籍しました。二〇一五年四月から約一年間産休・育休を取得し、二〇一六年五月に復帰しましたが、五月末日に退職しました（育休取得後、すぐに退職するというのは褒められた話ではありませんが……、会社には申し訳ない気持ちも多々ありました）。

《質問2　メッキ屋さんでの仕事は「営業」だったと記憶しますが、毎日の仕事の内容をなるべく詳しく教えて下さい。営業方針の決め方、取引先とのやり取り、見積もりのつくり方、ルート営業と不意の飛び込みのこと、内部営業の難しさ（現場と営業とのやり取り）など具体的にお願いします。》

入社当初は、大手電機メーカー（具体的には主に某大手メーカーの半導体部門。その会社だけで売上の七〇％程度を占めていた。半導体といっても、プロダクト・ライフサイクルでは、成熟期終盤から衰退期にあたるような古いタイプの製品部門）の営業だったため、飛び込み営業はなく、大手メーカーの下請けの「注文窓口」的な要素が強かった。

見積もりは社内規定の原価計算式に当てはめて、価格基準を決め、あとは、顧客と交渉・折衝の具合により、加工単価を調整して価格決定をしていた。

二〇〇八年のリーマンショック時には、某大手メーカーからの加工依頼が激減し注文が一〇分の一にも満たない月もあった。

リーマンショック後、最悪の状態からは脱出し、リーマンショック前の注文量の七〇%程度にまでは回復したものの、そこからまたじわじわと仕事が減り続けた。

売上の低下を打開すべく、社長の決断で大手外部コンサルタントを導入し、新市場開拓を行うことになり、これまで取引のなかった自動車部品メーカーへの営業活動も行うようになった。

自動車メーカーとの取引は、大口の長期的な取引が成立できる寸前であったが、商談成立のタイミングをつかみそこねて、肝心なところで商機を逃してしまったと思う(私が育休のため営業の一線を退いた二〇一五年以降も、自動車分野への参入を模索しているようだが、その後二年たってもまだ大きな売上にはつながっていない模様)。

社内営業・内部営業については、当初は工場と客先との納期の調整でどう折り合いをつけていくかに苦労したが、新市場開拓という「本当の営業」をやり始めてからは、そういう社内営業は取るに足りない、まったく大したことではなく、むしろ、営業部内をいかに説得するかということにやきもきした記憶がある。

†「社長に直談判するべきだったのではないか」

《質問3　働きながら感じた、会社の技術的な限界、会社で楽しかったことと、辛かったこと、職場の同僚を見ながら感じたこと、目標となるような人物について教えて下さい。》

「技術的な限界」は正直なかったと思う。先述した自動車メーカーとの新規取引においても、技術的な面では顧客の納得する品質・価格は提示できていたので、会社の今後二〇年の仕事を確保することはできたと思う。

限界があったのは、結局のところ私を含めて「営業」だったと考える。攻めきれなかった。

大きなビジネスを始めるというチャンスをつかむためには、ある程度のリスクを受け入れる必要があるのは当然だ。設備投資然り。流通・商社・素材メーカー等外部企業との関係性（しがらみというほうが正しいかもしれませんが）など。そういうリスクというのは、どこまでリサーチしても正解はないし、どこかで大きな決断をしなければ、当然ビジネスは前に動かない。

その「決断」を営業部門が先送りし続けた結果、商機を失ったと私は考える（今考えれば、会社のためを思うならば、直属の上司との絶縁覚悟で、社長に直談判するべきだったのではないかと後悔はある）。

上司も同僚も所詮はサラリーマン。このまま、「新規開拓」の掛け声だけ上げて、働いているふりをしていれば、いつかは取締役のポストが自分にも回ってくると思うのも仕方がない。一〇〇名に足りない規模の中小企業でも取締役にまで昇れば、年収一〇〇〇万円が見えてくる。

ただし、それは、現状の売上が定年退職まで確保されているという前提での話であって、年間売上が約半分減少しているのに、取締役の「年収一〇〇〇万円」など、ただの幻想だということがわかっていなかったように思った。取締役の「年収×××万」は、仕事の結果であって、目標ではない。目標は、あくまで売上向上であるはずだ。

「新規開拓営業」は、私には面白かった。新規のお客のニーズ・真の困りごとをヒアリングから想像し、それを自社技術に展開し、製品として現物化し、お客の反応を見る。大手の原料メーカーが当社の技術に目をつけ、アライアンス（技術提携）の依頼を受けたのも嬉しかった。

ただ、攻めきれなかったのはこの「アライアンス」を実行するという決断ができなかったことに尽きる。

「社長に直談判してでも、やりきるべきであった」ということは、後悔しており、お世話になった会社に対しても、申し訳ない気持ちがある。

また、その後の転職にも通じるが、社員＝「組織の内部にいる人」にはできない。コンサルタント＝「外部の人間」にしかできないことがあることも痛感した。コンサルタントとは、経営者から直接、成果を上げるために報酬をもらう「傭兵」のような存在である。自分には「傭兵」のほうが合っているかも、とは考えるようになった。

†ビジネススクール入学

《質問4　ビジネススクールで、勉強しようと決意した理由は何ですか。また会社に勤めながら勉強時間をどのように確保しましたか。そして難しかった科目、楽しかった科目、履修した科目数、取得した「資格」について教えて下さい。》

ビジネススクール入学の理由は、二つある。

一つは会社の売上が年々落ち込む中、「ビジネス」を体系的に学んでなんとか打開策を見出したいという思い。

もう一つは、会社が行き詰まる、自分自身が仕事に行き詰まった場合を想定して、どこの会社でもある程度通用する「ポータビリティースキル」を身に着けておきたかったという思いである。

スクーリングは毎週土曜日で、平日にも二年で計五回のフィールドワーク（企業診断実習）があるハードスケジュールだった。勉強時間は日曜日と平日夜。同級生と深夜まで議論したのは、本当に楽しかった。

印象深いのは、やはり企業診断実習で、生身の、本物の企業をコンサルティングさせてもらうのは、外科医が治療のために手術をしているような感覚で本当に勉強になった。取得した資格としては、経営学修士と中小企業診断士の資格です。

《質問5　ビジネススクールの仲間たち数人のプロフィールと、卒業後の進路について教えて下さい。また卒業後に会った人物や連絡を取り合う人がいますか。》

①例えばビジネススクール在学中は、大手メーカー勤務。卒業後、コンサルティング会社

に転職し、その後、経営コンサルタントとして活躍中。
②在学中は、中堅コンサルティング会社勤務。卒業後、サービス業の会社でタイの現地法人社長（社長就任時、二〇代）に就任し活躍中。
③同級生数名で、コンサルティング会社を設立。週末起業からスタートし、現在、累計三〇社以上の経営コンサルに従事。

†新しい事務所での仕事

《質問6　ビジネススクールを卒業し、新しい事務所での仕事の中身は何ですか。新しい事務所で覚えなければならない仕事について、また新しい人間関係について考えることを教えて下さい。》

卒業後、いったん労働局の非常勤公務員を経ました。子どもが小さかったため、九時から五時までの決まった働く時間で助かりました。その後、社労士事務所に就職。社労士の資格は保有しているが、実務経験がなかったため、社会保険関係の手続きは一から覚えさせてもらった（ただ、資格があり、知識としては理解していることが多いので、覚えることにはあまり苦労していない）。

社会保険労務士事務所ということと、所長の方針もあり、ワーク・ライフ・バランスは重視してくれる職場環境であるため、小さい子どもがいる私でも働きやすい職場で感謝している。

《質問7　トラバーユして、良かったことと悪かったことは何ですか。》

まず、悪かったこと（反省点）としては、前の職場でビジネスを立ち上げられず、中途半端な形で手を離してしまったことは、本当に申し訳なく思っている。自分の仕事能力のいたらなさ、だったと思っている。

よかったこととしては、自分に向いている仕事ができていると感じられることである。社労士・中小企業診断士の資格を活かして、顧客である会社・経営者の困りごとを解決していくことは、やりがいを感じられている。

転職後、年収は下がったが、職場環境がよいことと、自分に向いている、苦にならない仕事をさせてもらえていることをトータルで考えれば、転職してよかったと感じる。

《質問8　大学時代の思い出について教えて下さい。》

大学では、社会に出て、知識労働するための一般教養というか「基礎の基礎」を学べたと思う。疑問を持つことの大切さ、ものの考え方、調べ方、哲学……こういう「基礎」があったから、実際の仕事でも、「疑問を見つけ、調べ、解決する」ということができたのだと思う。

《質問9　転職という人生の転換期で最も悩み、考えたことは何ですか。》

辞めるべきか、とどまるべきかは悩んだが、一〇年後の「理想の自分像」に当てはめて考えると、転職するべきという答えになった。自分のやりたい仕事をしたいがために転職するのは間違っていると思う。仕事とは、上司なり、顧客なり、仕事を依頼してくれる人がいて成り立つのだから、そのニーズを無視して、やりたいことだけをやるのは「趣味」だ。

自分の得意な、勝てそうなフィールド、やっていても苦にならないことを仕事にしたい、子育てをしながら、少しずつでもいいから、キャリアを積み上げていきたい、という理想の自分像をイメージすると、転職するべきかな、と思い、決断できた。

†最も刺激的だったコーチングの授業

《質問10　ビジネススクールで学んだ中で印象的だったのはどんな科目ですか。》

経営戦略論、マーケティング論、生産管理、財務会計、イノベーション論などいくつも印象に残っていますが、最も刺激的だったのはコーチングの授業でした。

コンサルタント養成という目的意識のあるビジネススクールだったため、あるべき姿を考え、そのギャップである問題点を探り、解決策を考え、その実行を支援するという上から目線の思考が中心になりがちでした。しかしコーチングは、対話を通じ、相手の潜在能力を引き出すことを主眼としています。教える、指導するというよりも、クライアントの潜在能力を引き出すという視点を持つことができて、とても面白い授業でした。

そのほかの授業も、講義を聞いて理解するものが中心ではなく、ほぼ全ての授業で、グループワークやグループ討議が行われており、チームで協力して、よい成果を出すことが求められる形式でしたので、コミュニケーション力やチームビルディングといったスキルも自然と身についたように思います。

以上がNさんの転職例である。Nさんのビジネススクール時代の仲間を含め、グローバル化が身近であることなどが感じられるが、Oさんと共通するのは、自分自身の仕事への問いかけの確かさと、その結果の行動の正確さだ。

異なっているのは性別と企業の大きさだ。Oさんがメキシコ勤務をしたトルクコンバータのメーカーは上場大企業であり、Nさんの勤務先は九〇名の小企業である。ただ共通するのは、自分の意志と選択の結果である、ということだ。むろん、この二人は、衰退産業から成長産業へといったマクロ時事象とは無関係であり、また失業したわけでもない。それは、仕事をするということと、よりよく生きるということの選択の結果である。

そしてこの二人は三〇代の若さだが、四〇歳が目の前でもある。「四〇歳からの転職・転換」という、世の中の一般的事例よりも、実際はこの年齢の転職・転換が多いものだ。三〇代後半が、第二の人生の最初のスタートになっている。次にやってくるのが四五歳くらいの転機である。

†成功する転職の条件

福井県のOさんと兵庫県のNさんの転職に共通するのは「積極的な動機とそのためのス

キルアップ」である。賃金とか労働時間などではない。それが転職成功の条件である。

転職に失敗するのは「動機の消極性」である。採用側にヒアリングしていて「お断りする人物」の共通点は、「今の仕事がイヤだから」「今の仕事に向いてないから」「職場環境が（人間関係を含めて）イヤだから」といった、現状へのネガティブな姿勢が見えるときである。むろん子育てや介護などの理由で、短時間勤務など非正規の職場を望む場合は別だが、正規で新たな職場を探す場合は、これまでのスキルを活かせる職場に人材紹介機関などを通して移動したり、あるいはそれに近い場合は別として、やはりスキルアップが必要だ。

投資のプロとして業界で知られているとか、高級外車のセールスとして名高いとか、その業界で著名な人間の場合は、その腕をそのまま活かすことは可能であろう。もちろん名のある店のシェフや板前さんなら、どの店に行っても通用するだろう。しかしこの本で対象とするのはいわば「普通の人」たちである。

ただ、どんな企業（職場）でも、同業他社との競争があり、その競争に勝ち残るためには、価格以外の固有の競争力を持たねばならない。それは固有の技術であり、固有のサービスである。「A社でなければならない」「B社でなければならない」理由が必要だ。そしてその「理由」はそこで働いている人たちがつくりだすものである。

それゆえ、職場を変えるには、その前に一瞬立ち止まって、「この会社でまだやれることがあるか」「自分がスキルアップすればこの会社でもよい、と考え方を変えることができるか」という自問も必要だ。いわば自分の過ごして来た仕事人生を振り返り、「やってきたこと」「やるべきだったこと」「学んだこと」「学ばなかったこと」をきっちりと対象化して考えることが必要だ。それは自分の経過を「見える化」させる作業と言ってもよい。

それ以外でも、どうしても自分でやりたいことがあれば、そこに飛び込めばよい。暮らしのレベルは上下するにしても、なんとかなるものである。

むろん給料がきちんと支払われないとか、休暇がまったく取れない、とか、社長や中心的上司がいつも怒鳴っていて、まともな労務管理が行われていない、とか、取引先からの信用をどんどん喪っていて、それは個人では対処できないといった「泥舟」の場合は論外である。

また経営者に、長期的な「プラン」や「夢」「目標」がなく、そして人材を育成する仕組みづくりがデタラメな会社も「見切り時」かもしれない。ただ、基本はあくまでも自分にある。兵庫県のNさんの言う「上司を押しのけても社長を説得すべき」だったかもしれないのだ。しかし、そうしたことを可能とする職場環境をつくれない経営も問題なのである。

ただ、福井県のOさんも兵庫県のNさんも、新たにそれまでの経験を活かして「学ぶ」というプロセスを踏んだ。Nさんが「自分は傭兵に向いている」と理解したのは、自分の性格と仕事をきっちりと理解したからである。Oさんは機械系に電気系という技術を付け加えて自分に付加価値をつけている。こうしたプラスαがないと、転職は単に「横に動く」だけで、キャリアアップにもつながらないし、人間的な成長にもつながらない。細切れの短い勤続年数の履歴書を見て感心する企業はどこにもない。

ともあれ前述したような、社内での役職定年が見え始め、しかも次のステップが見えないときに、気分が揺れてくる。

次の章でその辺を少し詳しく調べてみたい。

第五章

働くことと、雇用の基本を考える

1　社会の成熟度による労働力の違い

†私たちの足場

もともと、こんなに長寿になることが五〇年前にはわからなかったから、今の年金制度ができているのだが、同時に「どのような年齢まで働くのが一般的か」あるいは「どう働くべきか」などという議論も、ここ一〇年くらいにやっと始まったばかりである。

以前から熟練工を中心に中小企業では雇用延長は当たり前だったし、私が中小企業の聞き取り調査を始めた三〇年前でも、六五歳、六八歳などという熟練工は普通だった。それが今ではグローバル化の進展で、海外の職場でも六〇歳過ぎなどという人が普通になっている。

二〇一六年にバンコクで職場調査をしたときに、七一歳になる日本企業の現地工場の指導員というか顧問を務めている人と酒を飲んだときの話だが、「いやあ、元気で立派な現役ですねえ」と、話を聞いたあと感想を述べたところ「大きな声では言えませんが、個人的にもう少しがんばる必要もあるのですよ。こちらでできた子どもがまだ三歳なのです」とのこと。現地の奥さんはまだ二〇代とのことである。タイやフィリピンでは珍しいことではない。だがちょっとびっくりしたが、日本には四〇歳の息子はいるが、奥さんは以前亡くなり、独身だったとのことである。これは確かにグローバル化時代の特有の話かもしれない。しかしこのような事例と出会う時代になってきているのである。

ここで少し、普通の人々、つまりノンエリートの転職のための技術や能力を獲得する（学ぶ）「学校」について触れる前に、社会の成熟度によって「労働力」の違いがあり、そのことがそれぞれの国や地域の「歴史経路」を形成し、その結果が、現在の「制約条件」となっていることについて考えてみたい。

各種の労働法も社会保障などの制度、そして雇用慣行もそれぞれがお互いに関わり合いながら社会環境を形成し生活保障となっているので、どこかを一カ所だけ動かせば、世の中はうまくいく、といった簡単なものではないということをもう一度、振り返っておきたい。とはいえ、私は、世の中は岩盤のような規制によって守られているとか、また規制を緩和してはならない、とか主張したいわけではない。

八〇年前の日本、一〇〇年前の日本、三〇年～二〇年前のASEAN諸国を簡単に点検することによって、私たちの仕事や暮らしの足場を確認する作業をしたいのである。

というのは、社会で生きる人々の毎日は常に具体的であって、日々の暮らし、明日の生活設計をしている人々は、「何をどうする」か常に問われており、日本的雇用慣行の意味を考慮したり、二〇年後、三〇年後の「可能性」や「かもしれない」といった曖昧な状況判断とは無縁だからである。それゆえAI（人工知能）の時代だとか、情報の巨大なプラットフォームの時代だとか、インダストリー四・〇だとか、「職場・仕事」の大変革の時代であり、お互いの仕事が明日にもなくなるかのように喧伝している、知識人やビジネス・ジャーナリズムの現状を常識的判断によって点検しておきたいのである。

繰り返して確認したいと思うが、それぞれの国、地域ごとに、時代（時間差）や経済力によって、人々の「平均値」は異なってくる。それゆえ各種の比較をするときには、背景となっている要素の違いを考えなければならない。グローバル化の時代というのは、時間と空間が入り乱れているのである。

†「女中の時代」のこと

四〇にして惑わず、五〇にして天命を知る、とはいうまでもなく孔子の言葉である。この言葉に関して、「四〇で惑うのは当然であり、それゆえ、惑うな、との戒めである」などという解説（怪説）を読んだことがあるが、人間はいつだって惑うものである。

もちろん四〇にして惑わない人もいるだろうし、五〇にして天命を知る人もいるだろう。しかし繰り返しになるが、五〇歳を超えればほとんどの人が年寄りと呼ばれ、あるいは六〇歳になれば多くが死んでいた時代と、今を比較しても詮無いことだ。例えば夏目漱石（一八六七～一九一六）の年齢と業績を見ていると、僅か五〇歳で生涯を終えているが、その仕事の達成の質と量に驚嘆する。三〇代、四〇代で堂々たる大家となっており、なんとまあ老成していたことか。漱石に限らない。明治の人たちの業績と達成は三〇代、四〇代がほとんどだった。現在と異なり、人々はみな早熟だったが、それは人生のスタートが早かったことと、エリートが僅かであったことも原因している。

庶民もまたそうである。明治、大正、昭和の前期は、まだ日本は途上国であり、多くの人は一二歳から一三歳で社会に登場し、世間にまみれて生きてきた。女の子の場合は八歳、一〇歳で子守り奉公にいき、一五歳か一六歳に「嫁に行く」のは普通だった。

松下幸之助は九歳で和歌山県から大阪の火鉢屋に奉公にいったが、松下幸之助が特別に貧しかったわけではない。確かに父親の米相場の失敗などがあったが、普通の家はみな同様だった。

明治時代の世界的ベストセラーであり、名作とも言える杉本鉞子《えつこ》『武士の娘』（一九九四年）によれば、著者の母親が、越後・長岡藩の最後の家老の家に嫁いだのは一三歳のときであり、長女を生んだのは一五歳のことという。しかしそれは珍しいことではなかった。

私が最初に勤務したのは旧姫路工業大学（現・兵庫県立大学）だったが、姫路市近郊の、素晴らしい江戸時代からの町並みと伝統をたたえているたつの市によく通った。そのたつの生まれの三木露風が作詞した名曲「赤とんぼ」（山田耕筰作曲、一九二七年）に「一五で姐《ねえ》やは嫁に行き」とあるが、これは当時の暮らしの普通の風景である。

二〇年以上前だが、「女中の時代」という優れた研究があった。今なら差別表現であり「メイドの時代」と言え、となるかもしれないが、尾高煌之助氏は次のように記録している（『日本経済史6』一九八九年）。

尾高氏によれば、一九三〇年の国勢調査結果では、当時の女中（住み込み）の年齢分布は、一六歳から一七歳のグループが一番多いが（約二〇パーセント）、細かく見ると一二歳から一三歳も一三パーセント程度に達している。つまり一二歳、一三歳で口減らしを含めて、「奉公」に行ったのだ。

尾高氏は、この時代の被雇用者に占める女中の比率は一七・五パーセントに達しており、数にして七〇万人であったと記している。なお単独で「女中業」を超えて女子労働者を雇用していたのはいうまでもなく繊維産業（八六万人）だった。なお女中の次に規模の大きいのは接客業（五六万人）であった（接客業の中身は触れない）。なお、当時の女中の雇用主は特別の大金持ちということではなく、法曹関係者、医者、教師、文筆業などであったが、工場の職人の組長なども貸家を持ち、女中を雇っていた。

†海外における「女中」

また尾高氏の指摘によれば、一八五一年の英国国勢調査では、女中の総数は九一万人で、一〇歳以上人口（八一六万人）の一一・一パーセントを占めていたという。米国の場合は一九一〇年に、一〇歳以上の女子有業者人口八〇八万人のうち九五万人（一一・八パーセント）が「家事使用人」であったという。

なおタイの場合は一九六〇年の女子の被雇用者の一〇・六パーセント。フィリピンの場合は一九七五年の段階で非農業の被雇用者の三四・三パーセントが「女中」であった、と尾高氏は指摘している。

私が一九九〇年頃からASEANを調査し始めた頃は、インドネシアなどでは、日本人の現地駐在員の家にはメイドがいるのは当たり前だったが、仕事能力という意味では、駐在員たちは「雇いたくない」というのが本音だった。しかし駐在するためのビザを取得するには、現地の政府からの要請でメイドの雇用は必須だった。家のモノを勝手に持ち出す、ワードローブの洋服を勝手に着て歩く、炊事・洗濯はアテにならず、という「女中」がとても多かった。それもやむを得ない。大正時代の日本と同じで、小学校を出るか出ないか、といった年齢で彼女たちは社会に放り出されていた。生活の技術・技能はなかったし、ましてや日本人の道徳観や発想のレベルとは無縁だった。

二〇一八年の現在では、メイドの雇用義務はないが、相変わらず行政から奨励されている。工場調査などの際にインタビューすると、よいメイドさんに出会うと助かるが、雇用主が日中仕事中に、勝手に家に友人を集めパーティを開いたりしている例があったりしており、「憂鬱な雇用」が相変わらずである。

なお少し横道にそれるが、城山三郎氏の名作『官僚たちの夏』（一九七五年）を読むと、通産省（経産省）の主人公（風越信吾）が部長、局長クラスの立場でお手伝いさん（女中）を雇っていたことが描かれていたが、一九五〇年代から六〇年代までは、官僚たちの地位もその程度には高かったようだ。

しかし現代日本ではかつての「お手伝いさん」の仕事は、客観的なビジネスとなっており、風呂、台所、換気扇……といった「掃除」は専業の代行業が無数に増加しており、「お手伝いさん」からの転換であると言えよう。

†官僚の「上から目線」

もっとも城山氏の小説は、かつての官僚の志の高さ・自負を描いたものとして定評があるが、私はそのように評価していない。通産官僚（経産省官僚）の、自分たちが天下国家を設計し、指導する（できると思っている）という、上から（社会主義思想）目線に溢れた小説だと思っている。主人公・風越信吾（モデル・佐橋滋）たちが構想した産業振興法が、民間企業の反対で廃案になったのは当然だった。完全に役所指導の計画経済（社会主義）だったからだ。こうした通産省の「大風呂敷計画」の失敗は枚挙にいとまがない。天下国家を設計して、民間を指導できると思っている傲慢さは現代でも一向に変わらない。

一例を挙げれば、かつて中小企業近代化促進法（一九六三年から一九九九年まで）という法律があった。これは同じ年に制定された中小企業基本法（一九九九年に改正）と関わっているが、中小企業は前近代的で遅れており、生産性を向上させるために、近代化せねばならない。そのためには小さくバラバラな「過小過多」の中小企業を協同化して、大きな設備投資などを可能にして、近代化を図るといったものだった。つまり同業者はみな一緒になれ（団結せよ）、という発想だった。もちろん失敗した。企業家（事業家）というものは、基本的に自分の才覚を活かしたい、自分のアイデアを自由に発展させたい、もっと儲けたい、他人に指図されたくない、といった個人的動機が発想の基礎である。

また「過小過多」論にしても、一九九〇年代に入り、企業数が減少（廃業の増加）し始めると、今度は、「開業率」の低下はゆゆしいことだ、と経産省は問題にし始めた。要するに「適切な企業数」など存在しないという単純な事実が経産省にはわかっていないのである。

協同化して企業規模を大きくすれば生産性が上がり、大企業と対抗できるという発想は、最初から絵に描いた餅である。協同化して誰が代表（社長）になるのか。それまでのそれぞれの取引先との関係をどのようにするのか。どのような新規開発を、どのような基準で優先するのか。誰のアイデア、誰の考え方を優先するのか。うまく行った場合の成功報酬をどうするのか。逆に失敗したらその責任は誰が負うのか……。こういう経営の初歩的な理解が欠けている法律だったため、工場団地作りや、実験的な各種補助金の垂れ流しが続いたが、何の成果もなく廃案となった。要するに官僚の机上の空論だった。

近年で言えば、ドイツから輸入した「インダストリー四・〇」の導入狂騒曲や、IoT普及の旗ふりなども同様である。彼ら（経産省）は、自分たちが日本の産業の進路を設計・指導するという発想が捨てきれないのである。大切なことは、具体的、個別的に責任がはっきりしている政策に限るべきなのだ。なおこのことについては後述する。

†就労年齢の変化

一九五〇年から始まった朝鮮戦争により、日本経済は急速に復活したが、五〇年代の初めは人口が八〇〇〇万人を超えたところであり、まだ「中卒」の時代だった。しかし戦争景気は人手不足をもたらし、南米などへの日本の移民の時代を終わらせた。中卒と高卒の比率が並んだのが六〇年の頃だった。一九五四年に世田谷区の桜新町商店街が、地方から集団で主に中卒者を採用したのが集団就職の始まりと言われるが、若い労働力は月額六〇〇〇円、七〇〇〇円の安月給だった。それゆえ彼らは「金の卵」と言われた。定期昇給を前提としていたのは当然だったし、商店街の場合、一〇年、一五年勤務すれば、郊外で店を持たせるのは当然の義務のように思われていた。

ちなみに大学への進学率その他を見てみると（学校基本調査）、短大と四年制大学の合計が一九六〇年に一〇パーセント、一九七五年に四〇パーセントを超え、二〇一七年が五七・三パーセント（四年制のみだと四九・六パーセント）である。

なお高卒の就職状況を見ると平成二九年三月の時点で、一八歳（高卒年齢）全体は約百七万人だが、就職希望者は一九万二〇〇〇人だった。その九八パーセントの約一八万八〇〇〇人が就職している。

就職もせず大学に行かなくとも、工業高等専門学校をはじめとし、各種の専門学校はたくさんあり、若者たちの進路は多様だ。

一九八〇年代の終わりに、まだ隆盛を誇っていたダイエーの店長や、トヨタ自動車の管理職といった立場の人たちに、仕事を覚え、職務・職階の変化（上昇）などのプロセスの聞き取り調査をし、「週刊エコノミスト」に寄稿したことがあったが、六〇年代、七〇年代は、会社はどんどん大きくなり、従業員の平均年齢も若かった。今のように役職定年などなかった。役職定年が一般化し始めたのは私の記憶では九〇年代に入ってからである。

私が昭和三七年に高校を卒業して郵便局に入ったとき、月額の給与は九〇〇〇円だったと記憶するが、「エコノミスト」に連載している頃、大田区の金型屋の職人に聞いたら、同じ三七年の高卒だったが、初任給は一万四〇〇〇円だったと記憶すると聞き、仰天した。製造業の賃金は圧倒的によかったのだ。

一九九四年、一九九五年のアジア通貨危機の直前にマレーシアやタイの取材をしたときには、現地の賃金は、新卒（中卒と高卒）は日本円で七〇〇〇円から九〇〇〇円といった水準だったが、それは日本の一九六〇年前後の条件だったと言ってよい。日本との労働条件のタイムラグが四〇年ほどあった。それぞれの国の地域にもよるが、二〇一八年の現在はインドネシア、フィリピンなどは二万五〇〇〇円くらい。タイやマレーシアは四万円といったところである。それゆえ月額八〇〇〇円くらいのミャンマーやラオスからタイに労働力が流入する。

私と一緒に中学や高校を卒業した仲間たちは、新宿の中村屋、銀座の木村屋（パン屋さん）、伊勢丹、銀座の洋服店、地元（群馬県）の私鉄、国鉄、信用金庫、役場といったところに就職したが、確かに多くの仲間は定年まで勤務したが、四〇年後の同窓会で会ったときには、主に、流通小売やサービス業に就職した仲間の多くは、半数以上が何度か転職を経験していた。

もちろん、みないわゆる正社員だったが、賃金を含めた雇用条件は現在のフルタイムの非正規雇用よりも圧倒的に悪かったと言ってよい。

2　非正規雇用をどう見るか

†本意としての「非正規雇用」

日本のマスコミというか、経済ジャーナリズムの「非正規社員」に対する善意の蔑視というものはひどいものである。「非正規社員」の圧倒的多数は「非正規」であることを意志的に選んでおり、みなが「不本意就労」なわけではない。にもかかわらず現実はどうあれ、彼らはかわいそうな人たちでなければならない、というのが非正規社員の存在なのだ。「下流」という存在が必要なのも同様である。「下流」や「格差」が存在しないと、発言権が確保できず、正義感を発揮できない人がいるのだ。

総務省の「労働力調査」（図3）によれば、平成二九年の段階で、正規雇用労働者は三四二三万人。非正規労働者は二〇三六万人（三七・三パーセント）である。その非正規の

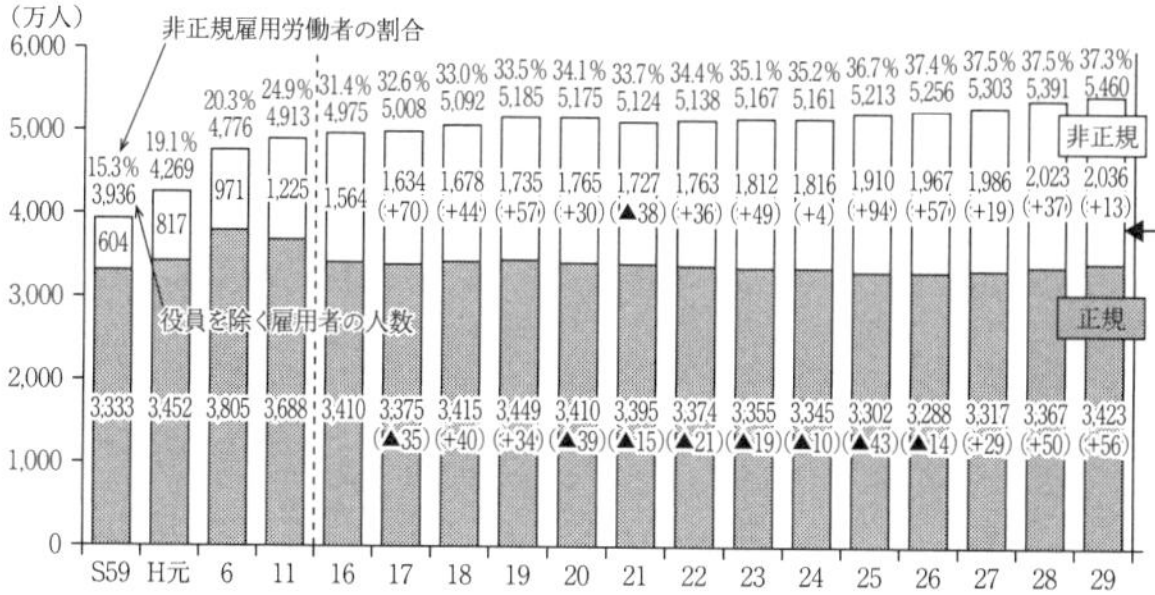

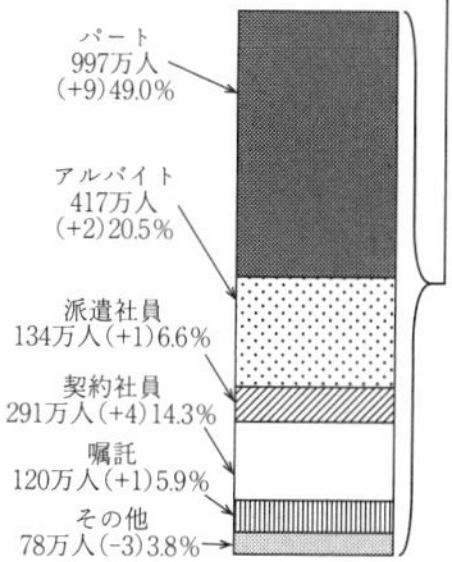

図3　正規雇用と非正規雇用労働者の推移
資料出所　平成11年までは総務省「労働力調査（特別調査）」（2月調査）長期時系列表9、平成16年以降は総務省「労働力調査（詳細集計）」（年平均）長期時系列表10

内訳はパートが九九七万人、アルバイト四一七万人、派遣社員一三四万人、契約社員二九一万人、嘱託一二〇万人、その他七八万人、である。パートの多くは主婦と退職した勤労者の短時間勤務である。アルバイトの多くはいうまでもなく学生だ。彼女・彼らは「正規」になりたいわけではない。問題は派遣と契約社員だろう。しかしその人たちも必ずしも正規を望む人たちばかりではなかろう。

　この「調査」によると、平成二八年時点で正社員として働く機会がなく、非正規雇用で働いている

「不本意就業者」は一五・六パーセントであり、二九五万人であるとのこと（平成二九年の調査では一四・三パーセントである。第七章で再論する）。もちろん小さな数字であるとは言わない。しかし非正規労働者がみな「不本意」な「かわいそう」な人たちである、とする主張は間違っている。

また「不本意」であることの内容も詳細ではない。ただ「正規の職員・従業員の仕事がないから」という理由は納得できる。ただし、有効求人倍率が一・五倍を超えている今日、職業選択の自由を行使する以外に仕事がないというのは少数であろう。よい職場を探している人もいるだろうし、住まいや家庭の事情で正規職に就けないのかもしれない。あるいは就職を希望する企業から「断られた」人もいるだろう。もともと誰もが希望する職業に就くことのできる「本意就業社会」（こんな言葉があるかな）など、世界のどこにいっても存在しない。

そして「自分の都合のよい時間に働きたいから」（五一四万人）、「家計の補助・学費等を得たいから」（四〇三万人）、「家事、育児、介護等と両立しやすいから」（二二九万人）、その他「通勤時間が短いから」とか「自分の専門能力を活かせるから」といった理由も並んでいるが、要するに多くは「積極的」というか「非正規であることが本意」なのである

（終章表5参照）。

また企業の経営者からヒアリングをしていると、冷たいようだが「猫の手も借りたい、ことは事実ですが、とてもではないが正社員にして教育をすることができない人もいます」という側面もあろう。

では賃金について考えてみよう。二〇一六年、二〇一七年、二〇一八年は、長期の景気拡大期であり、有効求人倍率の高さは戦後最高であり、バブルのピークだった一九九〇年と並んでいる。それゆえ首都圏などの大都市だけではなく、地方でも賃金は地域別最低賃金を上回っており、時給一〇〇〇円の時代が実現している。非正規でもフルタイムで週四五時間から四八時間働けば、一六万円を超える手取りとなる。決して生活できない賃金ではない。結婚できない、という意見もあるが、そんなことはない。二人で働けば月に三〇万円を超える収入になる。一九六〇年代の新婚さんから比べれば夢のようである（こんなことを書くと袋叩きにあいそうだ）。

問われているのは「何を基準とした暮らし」なのかだ。「豊かさ」も「貧困」も「下流」も定義は漠然としている。

†どこの国でも中高年は長期雇用

こうした状況の中で、一部のマクロ経済学者は「長期雇用制度」が雇用の流動化を阻み、非正規社員を増加させ、若者の就業機会を奪っているとか、日本の生産性が向上しない原因となっているとか、適当な「説」を並べている。しかし理想の国など世界のどこにもないし、前節で指摘したように、それぞれの国が異なった「歴史経路」を辿ることにより、それぞれの産業のタイプや社会制度を形成するものなのだ。

例えば「欧米では企業における採用の基本的考え方は、必要なときに必要な資格、能力、経験のある人を必要な数だけ採用する「欠員補充方式」である」（山田久『失業なき雇用流動化』二〇一六年）、などという人もいるが、冗談ではない。

スーパーマーケットに行って、肉や魚あるいは野菜をバスケットに入れるように、必要な人材がいつでも市場に溢れている国など、世界のどこにもない。労働力は他の商品とはまったく異なる。

一部のエリートは別として、普通の人は長期雇用のもとで、安定した暮らしを望むものだ。それゆえ仕事を大切にし、仕事能力を向上させて、昇進あるいは昇格を目指してがんばるのである。

アメリカやイギリスの製造業の労働協約の基本が「先任権」（senicrity）によって貫かれているのも長期雇用を願っているからだ。「先任権」の基本は、レイオフされるのは勤続年数の短い順からで、退職後の年金や医療保障も勤続年数の長さを基準としている。またアメリカやイギリスの「同一労働同一賃金」とは、基本的に時間給労働者の処遇である。

そういう意味から、レイオフの心配がなく、年収も平均値を超えていて、長期勤続が可能であるため、アメリカのノンエリートが殺到する職種は、消防署、郵便局、市役所といった職場である（近年の郵便局は寂れつつあるが）。

かつて（一九八六年から八七年に）アメリカの郵便局で職場調査をしたときに、ベーナム戦争に従軍した局員が多い（約四〇パーセントだった）ことにびっくりしたことがあるが、その原因はいわゆるアファーマティブ・アクション（affirmative action）にあった。積極的是正処置、といったらよいのだろうか。採用にあたり、戦場で苦労した人間を優先的に採用する制度であった。

つまり普通の高卒、大卒では就職を希望しても、ブルーカラーの先任権で守られる公務員には採用されなかったのである。なおこのアファーマティブ・アクションは大学入試に

	1年未満	1年以上3年未満	3年以上5年未満	5年以上10年未満	10年以上15年未満	15年以上20年未満	20年以上
日本	8.0	14.7	10.6	21.7	13.0	9.1	23.0
アメリカ	22.6	12.5	17.1	19.0	11.5	7.1	10.3
	1か月未満	1か月以上半年未満	半年以上1年未満	1年以上3年未満	3年以上5年未満	5年以上10年未満	10年以上
カナダ	—	10.9	9.1	20.0	12.4	18.5	29.2
イギリス	2.7	6.4	8.3	16.4	13.2	20.6	31.7
ドイツ	2.7	5.1	6.1	13.9	12.3	17.3	40.3
フランス	3.4	4.7	5.1	10.9	10.5	18.8	45.5
イタリア	2.7	4.3	4.1	9.3	9.4	20.4	49.8
韓国	6.8	14.7	10.5	21.5	11.2	14.9	20.4

（%）

表2　勤続年数別雇用者割合（2015年）
資料出所　『国際労働比較』（2017年版から抜粋）労働政策研究・研修機構発行

も適用されており、戦争からの帰国者は有名大学に優先的に入学を許可される仕組みもある（勉強についてこられない学生が出てくるので困る、という意見もある）。また郵便局などの職場でも、戦場での精神的打撃の後遺症で、行動様式に問題のある職員も見受けられた。

ともあれ、これは普通の人は長期雇用を望む、という一例である。

次に具体的に国別の「従業員の勤続年数」（二〇一五年）を見てみよう（表2）。

この「勤続年数別雇用者割合」は『国際労働比較』（Databook of International Labour Statistics、労働政策研究・研修機構）に掲載された数字である。

まず日本とアメリカを比べると、五年以上一〇年未満は、日本二一・七パーセント、アメリカ一

	2005年			2010年			2015年		
年齢	15～24	25～54	55～64	15～24	25～54	55～64	15～24	25～54	55～64
日本	8.7	4.2	4.1	9.4	4.8	5.0	5.5	3.4	3.1
アメリカ	11.3	4.1	3.3	18.4	8.6	7.1	11.6	4.5	3.8
カナダ	12.4	5.8	5.4	14.9	6.9	6.6	13.2	5.8	6.1
イギリス	12.2	3.4	2.6	19.5	6.1	4.8	15.4	4.2	3.5
ドイツ	15.2	10.4	12.7	9.7	6.6	7.7	7.2	4.4	4.7
フランス	20.3	7.5	4.6	22.5	7.6	5.8	24.7	9.2	7.4
イタリア	24.1	6.7	3.5	27.9	7.5	3.6	40.3	11.2	5.5
EU—28	18.5	8.0	6.4	20.8	8.6	6.8	20.5	8.7	7.0
韓国	10.2	3.4	2.5	9.8	3.5	2.9	10.5	3.3	2.8

（%）

表3　年齢階級別失業率

資料出所　『国際労働比較』（2017年版から抜粋）

九・〇パーセントとほぼ同様である。しかし二〇年以上となると、日本二三・〇パーセント、アメリカ一〇・三パーセントと大きく開く。

それに対して、他の国の五年以上一〇年未満はどうだろう。イギリス二〇・六、ドイツ一七・二、フランス一八・八、イタリア二〇・四、韓国一四・九、という割合である。それほど大きな差ではない。

次に「年齢階級別失業者率」は年齢層によって大きな異なりを見せている（表3）。二〇一五年の場合、一五歳から二四歳の若年層では（各%）、日本五・五、アメリカ一一・六、イギリス一五・四、ドイツ七・二、フランス二四・七、イタリア四〇・三、韓国一〇・五、EU二八カ国平均は二〇・五である。ドイツが日本と近いがその他の国は惨憺たるものである。フランス、イタリアなどの若者の就職難は凄まじいものがある。しかし二五歳を過ぎるとイタリアを別としてそれほど大きな格差はない。

†日本の論者たちの見解

では五五歳以上の高齢者はどうだろう。それは第一章で紹介した通りである。

雇用問題の専門家として定評のある海老原嗣生氏は、ジョブ型採用の国の場合、「多くの学生たちは、卒業後、インターンシップやアソシエイトという名の非正規・低待遇雇用を経た後に、エントリーレベル採用に応募する。そのため、卒業後、本格就業までに二、三年かかる」と指摘しているが、これが正解である(『雇用の常識　決着版』二〇一二年)。

また海老原氏はアメリカの新卒採用についても触れている。「スタンフォードやハーバードやMITやイエールなど指定五から一〇の大学の学部+MBA、対象学生は二万人弱」は超大手に採用されてゆく、と紹介している。日本で言うと、東大と京大の卒業生の合計が全大学の合計の約一パーセントなので、東大と京大の卒業生以外は「その他」に位置するということである。つまりアメリカは日本以上に厳しい学歴(学校歴)主義なのである。そして「アメリカの若者は大企業志向などなく、起業を志している」などという意見も事実と異なっていることははっきりしている。

またこのことに関しては、猪木武徳氏の調査によっても、海老原氏の指摘と同様の事実が示されている。「大卒ホワイトカラーについては、キャリアパス・リクルートを中心とした新規学卒一括定期採用を行うケースが米国の大企業にも多い。日本のように人事担当の若手が有名校を中心に何度か面接を重ね、経営層の最終面接で内定するというステップを踏む」とのこと。日本と何ら異なるところはない。異なるのは、有名校が対象となっているということである。日本は形式的に「偏差値中心」だとはいわないだけである。

もちろん証券会社の投資部門などは流動性が高いと猪木氏は説明する（『増補　学校と工場』ちくま学芸文庫、二〇一六年）。

日本でも山崎元氏などは「一二回転職した」などとプロフィールに記しているが、それは事実ではない。山崎氏は「転社」しただけで、エコノミストという仕事を変えたわけではない。いくつものシンクタンクを渡り歩いていることは事実だが、仕事の中身は変わっていない。

その点では、小関智弘氏などは、勤め先の倒産や廃業でいくつもの工場に務めているが「旋盤工という職業は変わっていない」と著作の中で述べている。それは山崎氏よりもずっと事実であると言える。「転職」と「転社」を一緒くたにしてはならない。美容師がいくつ勤務先の美容院を変えても美容師であることに変わりはなく、それはタクシードライバーもトラックドライバーも同様である。

†日本の再就職・職業訓練所のこと

欧米のインターンシップやアソシエイトとは異なるが、日本の再就職に最も大きな役割を果たしているのは、リクルートをはじめとする人材紹介会社だけではなく、公的な職業訓練所もある。前述の転職事例として紹介した福井県のOさんがその典型である。この職業訓練所は全国の都道府県に計二四二校あり、景気動向にもよるが卒業するとほぼ一〇〇パーセントの就職率を誇る科目が多い。

厚生労働省のホームページによると、「中卒・高卒等、離職者及び在職者にたいする職業訓練を実施」している「職業能力開発校」が全国で一五六校。高卒者等に対する高度な職業訓練を実施している「職業能力開発短期大学校」(専門課程)が一四校。高卒者等に対する高度な職業訓練を実施し、かつ、専門課程修了者に対する高度で専門的かつ応用的な職業訓練を実施する「職業能力開発大学校」一〇校。そして離職者及び在職者に対する短期的な職業訓練を実施する「職業能力開発促進センター」六一校、という内訳になっている。全国の受講者の総数は二七万三一一四人である（平成二四年度の場合）。

主な訓練コースは、金属加工科、電気設備科、溶接科、介護サービス科、情報処理科、OA事務科、機械加工科、生産技術科、電子情報技術科、その他植木職人を育てるコースなど多彩である。またNC加工など在職者向けの訓練もありそれらの科目には企業から履修にきている。

私は、この中から姫路市にある兵庫県立「ものづくり大学校」（校長・尾形孝昭）を訪ねて、訓練を受けている人々の様子を尋ねてみた。

この「ものづくり大学校」は、一年間のコースとして住宅設備コース、木造建築コース、機械加工コース、機械製図・工作コース、溶接コース、金属塗装コース、ものづくり複合コース、CADコース、情報ビジネスコース等がある。なお最後の情報ビジネスコースはパソコンや簿記の習得などを中心とする事務系である。二〇一七年の修了者の場合、どのコースもほとんどが就職しているが、事務系の内定率が若干悪い。とはいえ前期は八〇パーセントの就職率に達している。

履修生の全体の就職状況やプロフィールを紹介したいのだが、あまりに煩雑になるので、ここでは例として「住宅設備コース」を紹介しよう。

まず最高年齢は一九六六年生まれで、資本金九〇〇〇万円、従業員数一〇〇六名の会社に就職している。一番若い人が一九九八年生まれ（二名）。二名は企業規模が二六名と一〇名の企業に就職している。ただどのコースも中小企業基本法の定める中小企業に属する企業への就職が大半だが、みな自分の住まいから通勤が可能な職場を選んでいるようだ。

再就職訓練もたくさんの委託先（専門学校など）を抱えることにより、介護、保育、経理事務、医療事務、不動産実務、社会保険実務と実に多様なコースを持ち、七〇〇名を超える修了生を送り出している。学歴は高卒と大卒がほぼ半々である。

もともとこの姫路の訓練所は昭和二〇年に開校し、海外からの帰国者の建築工の補導所としてスタートしている。焼け野原で住む場所がない時代に必須の仕事であった。

全国の職業訓練所は、仕事を探し、ハローワークに相談した結果学びに来た人や、失業して雇用保険によって講習を受けている人、あるいは積極的に技術の習得にきた人、と多様であるが、はっきりしているのは全員が就職を希望しての勉強の前提としていることである。私は製図やCADのコースを見学させてもらったが、多様な年齢の履修生たちの熱心な取り組みにとても打たれた。

第六章

現実の仕事と空想としての予測

1　現実の職場を直視せよ

†仕事とはどういうものか――実際の「改善」

実は前章で紹介した仕事のほとんどは、野村総研やＡＩ論者の主張によると、ロボットなどによって「代替可能な職業」で、近い将来なくなってしまうものばかりなのだが、現実にはどの職場も猫の手も借りたい状況である。もちろん、事実を知らず、間違っているのは野村総研でありＡＩ論者である。

この野村総研のレポート「日本におけるコンピュータ化と仕事の未来」（二〇一五年一二月）は、オックスフォード大学のマイケル・オズボーン准教授およびカール・ベネディクト・フレイ博士と二〇一五年に実施した共同研究をまとめたもののことだが、どこを読んでも「机上の空論」の羅列であり、レポートを読んでも、指摘されている「代替可能性が高い一〇〇種の職業」の一つにおいてさえ、関係者が長時間観察やインタビューをしていないとすぐにわかる。

レポートによれば分類の方法論として「われわれは、確率的分類アルゴリズムを利用して、自動化可能性とラベルと定量的作業説明との関係を調べた。詳しく説明すると、われわれは分類アルゴリズムとしてガウス過程分類器を採用した。特徴空間への写像を行うカーネル関数として累乗二次関数の」「共分散関数、そしてロジスティック回帰関数を検討した」とのことだが、率直なところ、私には何のことやらわからない。ただ、これは「分類の方法論」であって、分類する前提としての、インプットするデータの例示ではない。

どのようなデータをインプットした結果、「日本に現存する仕事の四九パーセントが」「コンピュータ化される」とアウトプットされたのかが問われている。

コンピュータというのは、目的意識をもってデータをインプットして、その結果をアウトプットするものであって、野村総研はもう少しきちんとインプットデータの中身を示すべきである。

私が調査し前章で紹介した職業訓練所の技術も技能も、野村総研の予測では全てが消滅することになっている。もっとも予測としては数十年の幅があり、しかも「可能性がある」とのことなので、大道易者の「当たるも八卦《はっけ》、当たらぬも八卦」の現代版としかいいようがない代物ではある。

ただ、このオックスフォードの先生たちや野村総研のスタッフは、もう少し仕事や人生といったものに、真摯に、あるいは誠実に向き合ったらどうなのだろう。世の中を脅かし、自分たちが目立てばよい、というビジネスへの姿勢はとてもよくない。

†職場における創造性・複雑性・不規則性

しかしこのレポートを読んでいると、彼らは主観的には真面目なのかもしれない、と思えてくる。ただ、要するに現実の仕事を知らないだけなのだ。同レポートは、「自動化に対する三つの主要な障害として、①創造的知性、②複雑な社会的交流、③不規則な物体の認知及び操作」といったことを挙げているが、職場における「創造性」「複雑性」「不規則性」といったこととの具体的な中身を知らないのである。

例えば東京駅のプラットフォームに立ち、次々と到着する車両が、瞬く間に清掃を終え、出発する新幹線を見ていればよい。たった一〇分足らずの時間で、清掃の担当者は一つの車両を見事に清掃し、整理整頓する。野村総研の予測ではこの仕事は消滅することになっているが、座席ごとに異なる汚れ、ゴミの散らかり方……そうしたことを一瞬で処理するロボット（ＡＩ）ができるのならば、それでよいだけのことなのである。しかし大切なのは実証である。ＡＩ論者の主張する「単純な仕事」と「複雑な仕事」、「創造的な仕事」や「ソーシャルインテリジェンス」といった説明は実に空しい。具体的な仕事の説明がまったくないからである。

あるいは街の路地で、ガスや上下水道の改修その他の工事を少しでもよいから観察するとわかるだろう。パワーシャベルで道路を掘り、トラックに石や土あるいはコンクリートその他の残骸を載せる。その周辺には作業の進行を監督する人間や、交通誘導の担当者がいて、通行人に指示し、頭を下げている。

その中の仕事で、仮にトラックは自動運転になるとか、パワーシャベルは遠隔操作が可能となっている、などと言っても無意味である。周辺の関連した他の仕事と同時進行が必要だからである。部分的な自動化（単能機）の役割は限られる。

†仕事はたくさんの要素から成り立っている

もともとどのような仕事もいくつもの要素から成り立っている。全体の流れの一部分が代替されても仕事そのものがなくなるわけではない。例えば自動車工場で溶接作業が自動化されたからといって、多くの工場や修理場では溶接や塗装の仕事は存在し続ける。また自動化は、人間による手作業の領域との関連によって成立する「工程」が多い。

例えば、食品加工の自動機（ロボット）をつくっている鋳物工場を見学していると、二〇〇坪ほどの一角に六台ほどの大物の「湯」を溶かす設備がある。溶かされた「湯」が「型」に注がれ、それぞれの形状の鋳物になる。鋳物は乾燥させた後、バリをとって、表面加工をして、製品になるが、「流れ」の途中の六台ほどの設備に配置される人間はゼロにはできない。絶えず安定的に稼働しているかどうか点検する人間が必要だ。また最後のバリ取りは、バリのそれぞれの位置や大きさが異なるので、人間にしかできない。それゆえ工程の最後には二人の人間が配置される。もちろんバリなど出ないほうがよいし、そのための工夫は何百年とやってきているが、そうはいかないのである。人工知能論者に是非考えて、取り組んで欲しいテーマである。

もちろん現実の工場では、コンピュータや自動機で代替できるものは、現場で毎日どんどん提案され代替されている。一〇〇名の職場ならば二名は工程管理、工程改善、工程設計に取り組んでいるのが普通である。その管理、改善、設計はＡＩが提案しているわけではない。しかもどの自動機も「単能機」である。他の工程への汎用性はない。

鋳物の「流れ」（工程）の自動機は、工場の隣にある熱処理の現場では使えない。熱処理には熱処理の専用の治具や工具が考えられ「仕事の流れ」ができている。

絶えざる商品や加工物あるいは作業の変化の多くは、それぞれが従事している人間が仕事の「カイゼン」を考えた結果である。「辛いなあ」「イヤだなあ」「やりたくないなあ」「なんとかならないかなあ」といったネガティブな動機もまた大切だ。腰が痛くなったり、単調で飽きたり、もう少しなんとかならないか、と思ったときが一つのきっかけになる。

トヨタをはじめとして多くの現場で、私はそのような話を聞いている。「くそっ」と思ったりするとき、「何をどうすればよいのか」を考えるという。例えば自動車の内装の組付けなどは不自然な姿勢になるので、そうならないように「座ってできる」設備が開発される。そのほうがラクになり、作業効率も上がるのだ。

つまりそこには「どうしたらよいか」という価値観と「どのようにして」という「課題設定」が伴う。「考える」とはそういうことだ。「ディープラーニング」なるものは、職場にはまだまったく存在しない。

野村総研の関係者は「創造性」や「抽象的概念」なるものを、もっと具体的に説明すべきである。どういう仕事が非創造的で、またどういう仕事の場合、抽象的概念が不要なのか、「なくなる可能性がある」という仕事の一つ一つを例にして説明すべきである（現実の仕事を知らないのだからできっこないけど)。

つまり野村総合研究所とオックスフォード大学の准教授と博士によるレポートは、職場の自動化(ロボットへの転換)がどのように進められるのかのプロセスをまったく知らないことによって書くことが可能なレポートなのである。

結論を言っておこう。野村総研のスタッフが考えているようなことは、普通の職場の人間なら誰でも考えていることだ。みな自分の仕事以外は他社の仕事を長時間観察したり、調査したり、聞き取りをするという作業をすっぽかしているのである。それゆえ、「ネズミが猫に嚙みついた」といった「鬼面人を威す」本や記事が書店に溢れるのである。みな「可能性がある」「かもしれない」「二〇年後か三〇年後には」と付け加えれば何を書いてもよい、という発想である。

むろんなくなる仕事、不要になる仕事は常に生じる。例えば職業訓練所には一九六〇年代までは、印刷工を育てるコースがあった。まだ活版印刷が主流だった時代は、文選・植字などの仕事や印刷の仕事を教えていた。ところがオフセット印刷が登場し、印刷がどんどん簡単にできるようになり「職業」として成り立たなくなった。仕事がなくなり最初に困ったのは訓練所の「教師」たちだった。あるいはタイプライターなども同様である。ワープロが登場し、パソコンとワープロ機能がパッケージされ、印字のドットが向上し、プリンタ機能が向上したとき、タイピストは不要になった。もっとも彼女・彼らはすぐにNECのPC－98などの操作に転換した。こういうことは無数にある。

2　空想と科学を区別せよ

†「言葉の逃げ」で成り立つ人工知能論

以下、若干紹介するが、人工知能論者の言説も野村総研と同じである。全てが「可能性がある」「かもしれない」「もし」「であるならば」「予測されている」といった「言葉の逃げ」によって成り立っている。また主張の根拠となっているのは仮説を前提に新しい仮説を組み立てるという虚構である。

もう一つ付け加えると、AI論者の共通点は「お互いの引用」によって成り立っており、実証は一つもないことだ。囲碁や将棋あるいはチェスでのコンピュータの勝利を得々と書いているが、ルールとデータがあればコンピュータが解けるのは当たり前である。将棋や囲碁というゲームそのものをコンピュータが考え出したわけではない。

もともと仕事というのは、ルールとデータを絶えず変えていく作業である。創意工夫と必ず起こる思いがけないトラブル・エラーの修正の連続が仕事である。思いがけないできごとや失敗によって、人は成長するものでもある。

例えば、人工知能論で最大の売れっ子である、松尾豊東京大学准教授の『人工知能は人間を超えるか』(二〇一五年)と井上智洋駒澤大学准教授の『人工知能と経済の未来』(二〇一六年)、を繙《ひもと》いてみよう。松尾氏の本は「二〇一六年ビジネス書大賞審査員特別賞」に輝き、井上氏の本は二〇一七年新書大賞に入賞している日本を代表する「人工知能」の本である。

松尾氏は次のように言う。

「製造業では、ひと昔前まで機械ではできなかった熟練工の技術を、少しずつロボットで代用可能になっていくだろう。また従来の機械学習は、既存プロセスの「改良」「改善」のレベルにとどまっていたが、ディープラーニングで人工知能が特徴量を自らつかむようになると、新しい工程を設計できるようになるかもしれない」

「製造業と同じ肉体労働でも、タクシーやトラックの運転手というのは、少し前までは人間の労働として残り続ける仕事だと思われていた。ところが、自動運転車やドローンの登場で雲行きが怪しくなってきたのは、みなさんもよくご存知だろう」
「画像診断技術が向上すると、内科医の仕事のほうが先にコンピュータに置き換わる部分が増えるかもしれない」

✝実証ゼロの夢想

例えば、機械をつくる機械である工作機械を考えてみよう。一九五〇年代にMITがNC（数値制御）を考案してから六〇年以上経過するが、その進化の歴史は熟練のコピー（再現性）から始まり、今では一〇〇を超える工具をあやつり、高度な加工をすることを可能としている。それゆえ半導体製造は進化しコンピュータも進化している。松尾氏は「ひと昔前」というが、ひと昔とは普通一〇年前を指す。現実はずっと昔から、自動機（ロボット）はありとあらゆるところでつくられており、熟練の技術の代替に限らず、苦痛からの解放、作業の高速化と正確さ、要員の削減……といった機能を向上させている。

また松尾氏は、自動運転車やドローンといった、もう聞き飽きた事例を登場させているが、それが実用化されるには、技術的な問題だけではなく、「法的な制度」という「社会インフラ」を含めて、無数の隘路に取り囲まれている。自動運転についてはすでに述べたが、一度でよいから、ジャカルタやマニラ、あるいはバンコクの渋滞を見るとよい。車間距離は前後左右一五センチがせいぜいである。しかも信号もほとんどない。全自動の自動車では、一日かかっても一メートルと進めない。

どのような場所で実用化が可能なのか。あるいはどのようにして実用化を実施できるかは、技術的開発可能（性）とは別のことである。

「ドローンによる宅配便」にいたっては論外である。離島や山林などは別として、住宅の密集地ではドローンは役に立たない。例えば私の住む集合住宅は一一〇所帯あるが、年末になると一日に一三〇個くらいの配達があるとのこと。一三〇個の宅配荷物がエントランスに置かれたら、人の出入りができないだけでなく、誰がどのように処理するのか。特に東京都内をはじめとして、人が密集し、路地と坂が多い場所は、「人力」が基本とならざるを得ないのである。

医療についても指摘しておこう。画像診断やセンサー技術をはじめとして各種の医療機器の進化はここ数十年でめざましいものがある。心臓や脳の手術をはじめとして、かつての映画「ミクロの決死圏」（一九六六年）はとっくに実現している。カテーテルの先端に装着する、長さが一ミリ、直径〇・二ミリの「針」に〇・〇八ミリの「穴」をあける加工などを見ていると、技術の進化に驚嘆する。

センサー技術や画像技術の進化も素晴らしい。AIなどという前から、胃の裏側から心臓を撮影する技術開発や、手術のための医療機器の驚異的な進歩は二〇年前、三〇年前だったら死んでいた人間を蘇生させている。画像診断はコンピュータでもできるようになり、画像診断の医師は要らなくなる、などとバカを言っている学者もいるが、診断は治療するための前提であって、治療そのものではない。診断と治療は一体のものである。

医療に限らない。対象、テーマが具体的であるとき、技術革新は進められる。

グーグルのAI開発を指揮するレイ・カーツワイルが、人工知能が自分よりも賢い人工知能をつくるというシンギュラリティ（技術的特異点）が二〇四五年にやってくると主張していることを松尾氏は強調しているが、実証できないことをいくら強調しても無意味である。「宇宙には地球と同じ星があって、そこでも人間が暮らしているかもしれない」と言っているようなものである。松尾氏はスティーブン・ホーキングやテスラモーターズのイーロン・マスク、マイクロソフトのビル・ゲイツなどさまざまな有名人を援用して人工知能を論じているが、具体例になると急速に事例がしぼんでしまう。登場人物がみな「空想力」を競っているだけである。

科学には夢が必要だ。しかし夢想を科学に置き換えてはならない。科学というからには実証の義務がある。

井上氏の本も同様である。「AIの発達でほとんどの人が仕事を喪う近未来を大胆に予測した本」とのうたい文句だが、中身を見ると「AIを搭載したセルフドライビングカーやドローンが普及することで、タクシーの運転手や配送員が失業したとしても、人間に優位性のある別の仕事に移動すればよい」といった話であり、しかもこの人の本も、全ての事例説明に「可能性がある」と「かもしれない」という言葉がついている。

まともに現場と向き合い、事実を点検しながら、何がどのように進化（深化）し、どのような隘路をどのように突破するのか、という問題に日々取り組んでいる技術者や研究者は空想と科学をきちんと区別するものである。

現実の仕事も同様である。私たちは具体的な今日、明日を生きている。ほとんどの人間が一〇歳、一二歳で労働市場に登場した時代から一〇〇年をかけて現代に達しているが、その間に仕事は変化し、無数に消滅している。しかしみなその後の「物語」を持っている。生きるとはいつも具体的なことである。

†仕事を進化・深化させるのは人間である

職場の技術革新が、職場を知っている人間によって行われるのは当然である。例えば、自動車のバックミラーやルームミラーをつくる工場にいくと、製造工程のほとんどは自動化されている。原材料（ガラス）をそれぞれの必要な大きさにカットし、熱処理（炉）を通して、素材の自重を利用して曲げ（膨らみ）をつくり、熱を冷ました後、ガラスに裏打ちをして「鏡」をつくり、形状の周囲全体を必要な大きさまで研磨し、最終工程である検査にたどりつく。その流れ全体には数人の作業員しかいない。それはときおり起こるトラブルや思いがけない故障への対処のためである。

そうした仕事の「流れ」を考えるのはAIではない。職場で働いている人自身が設備や流れを考えて、設備メーカーと共同して完成させる。

AIがどれほど発達しても、コンピュータは計算機であって、投入（インプット）したデータを演算処理するだけである。何をどのように自動化（ロボット）するのかは、設計者の問題意識と価値観が決定する。何度でも言っておくが、碁を打つロボットは、自分で「碁を覚えたい」と志してルールとデータを学び、碁が強くなったわけではない。それはすべて設計者の意思と価値観と、それを実現する方法論の確立・熱意が「碁のロボット」を成り立たせている。要するに工場のロボットと同様である。私に言わせれば特別に「AI」などと「定義」すること自体が無意味である。工場では五〇年前、六〇年前からすでにAIなどに頼らず、人間によって技術革新が進んでいたのである。

吉川洋氏によれば、日本の高度成長の時代（一九五五年から七一年）に年平均一〇パーセントの成長率に対して、労働力人口の伸びは一パーセント強でしかなかった（吉川洋『人口と日本経済』二〇一六年、吉川洋・八田達夫編『「エイジノミクス」で日本は蘇る』二〇一七年）。一八七〇年から一九四五年までは、一時期を除いて人口と実質GDPの増加はほぼ一致していたが、五〇年頃からはGDPの大きな伸びによって急速に乖離している。つまりこの時期に技術革新によってGDPが急速に伸びたのであって、その変化をもたらしたのは現場の人間たちである。

AI論者の売れっ子たちが主張するようには、二〇四五年になってもシンギュラリティ（技術的特異点）がやってこないことははっきりしている。新井紀子氏はそれを断定している（『AI vs. 教科書が読めない子どもたち』二〇一八年）。なお、新井氏の本は全てが自らの実証・実験に基づいているので説明が明瞭である。

しつこいが、もう一度言っておく。「情報」も「モノ」も仕事の「流れ」も、「何を」「どこを」「どのように」と考えて、その変化（進化・深化）をもたらすのは、当事者（人間）であって、ＡＩではない。

†人生のスタートは何歳でも可能

さて、人生のスタートは何歳でも可能である、というのが私の意見であり、「四〇歳になったら老後に向かって貯蓄を始めよ」などという意見には与しない。人間が夢を持ち、将来に向かって走るのは素晴らしいことだが、暮らしの安定、などということで四〇代から生活を設計することなど不要であると思う。そうではないか、一瞬先は闇である。それとも蓄財をすすめるファイナンシャル・プランナーはみなお金持ちなのだろうか（私の周辺のファイナンシャル・プランナーは特にお金持ちということはない）。

問われているのは「今現在をどう生きるか」だ。きちんとした公のデータがないので、私は自分で講演やセミナーなどに行ったとき、参加者の会社に関する簡単なアンケートをとらせてもらっている。それはまず、資本金と従業員数という基本情報のあと、新規採用の最高年齢、退職年齢（雇用延長）、平均年齢、平均勤続年数といった内容である。

中小企業の場合は、七〇歳まで雇用というのは普通のことであり、新たな採用は一般職でも五〇歳までという会社が多数だが、管理職や技術職など専門職の場合は六〇歳でも積極的に採用している。もともと新卒採用を求めても、集まらないのである。大学向けの会社説明会に行ってみるとよい。小さな企業のブースは閑古鳥が鳴いている。私から見るとよい会社なのに実にもったいないのである。

さらに、中小企業の定着率は必ずしも高くない。労働政策研究・研修機構による「中小企業の採用と定着」に関する報告書（二〇一七年）を見ると、二〇一一年から一三年の間で、新規採用者で一社平均四・九二人を採用し、その中で二・二五人が退職している。また中途採用者も一二・九二人が採用され、一一・〇一人が退職している。実に退職者が多い。ただ、退職者が圧倒的に多いのは、宿泊業・飲食サービス業であり、また医療・福祉、それと教育・学習支援業である。その理由は説明するまでもあるまい。

また職業選択の自由は誰にでも存在する。

第七章

長期化する人生と働き方

1　働くことは社会と関わること

†長い人生・変化するライフステージ

さて、人生が長くなると、学ぶこと、働くこと、結婚すること、子どもを育てること、遊ぶこと、老親の介護、あるいは何かに打ち込むこと、といったライフステージが、かつてのように人生が短かったときとはまったく異なる。例えば、親が長生きをすることによって、介護の期間が長くなり、いつのまにか自分が介護される日がやってきていた、というような予期せぬ変遷を辿ることになるのも当然だ。「つつがなく」「大過なく」退職して、あとは悠々自適、などという例をもう聞くこともないのはそれゆえである。

例えば一五歳、一八歳で就職し、五五歳で退職を迎え、その後、五年か六年で死ぬ。ということであれば、仕事、結婚、子どもの教育、老後への備え、といったそれぞれの人生のステージは短いものだった。それが現在では九〇歳まで生きることになり、年金の受給期間がとても長いものになってきた。

年金の掛け金支払が四〇年で、受給期間が三〇年もあったら、大変なことになるのは当たり前である。年金の少なさが声高に批判されるが、やむを得ないことである。それゆえ、なおさら「働くこと」が求められる。その働き方は当然、多様でなければならない。

前述の「女中の時代」は、小学校あるいは中学校の卒業者が「新卒」の中心だった時代のことである。日本では一九五〇年代（長く見ても六〇年代の初期）までのことである。またそれはつい二〇年前のインドネシアやタイの現実であり、アフリカのサハラ以南の国や、インドやバングラデシュの多数の今日の現実でもある。背景はいうまでもなく、経済的事情と平均寿命の短さである。それゆえライフステージは比較的わかりやすかった。

例えば、明治一九年に始まった日本の義務教育は、尋常小学校は六歳（七歳）で入学し、就学期間は四年間だった。その上に一〇歳で入学する高等小学校があったが、第五章で記したように、多くは一〇歳で就業した。大正一四年に記された細井和喜蔵『女工哀史』（一九八〇年）や、明治三一年に書かれた横山源之助『日本の下層社会』（一九四九年）などを読めば、一〇歳から一二歳での就業状況はとてもよくわかる。

†『女工哀史』の真実

ただ、大急ぎで指摘しておくが、『女工哀史』の書名だけで、内容を想像してはならない。彼女たちの多くは、自分の家(農家)にいるより、紡績工場のほうがはるかにましだった、という現実が進路を決めたのだ。山本茂実『あゝ野麦峠』(一九六八年)も同様である。拉致されたり、騙されて、強制労働に従事したわけではない。あるいは富岡製糸場の歴史などを読んでいると、工女たちは当時の選ばれた技能者であったと言ってよい。

一九九五年頃、まだ始まって間もない技能実習制度(当時は技能研修実習制度)が、実態をよく知らないジャーナリズムによって、一部の例外的な現象をとりあげられ「現代の女工哀史」として激しくバッシングされていた。私は中小企業の現場の調査をしながら、まるで奴隷労働かのように報道されていることがあまりに事実と異なっているために、実習生の送り出し国のインドネシアなどで現地調査をしたが、そこには「出稼ぎ」の背景として、『女工哀史』や『日本の下層社会』と重なる貧しさという背景があるように感じた。

現地で働いても日本円で表示すると月額で六〇〇〇円という賃金であり、日本の一九五〇年代と同様の労働条件を生きている彼らは、日本で働き、三年間で三〇〇万円、四〇〇万円というお金を貯め、故郷に帰り、親の家を建てたり、自分で雑貨屋やレストランを開くことによって、彼らは故郷で成功者として評価されていた。

そうした彼らの生き方は、現在の中東のリビアやISの支配地域から逃れ、EUに移民や難民として押し寄せる人々より、はるかによい人生の選択であった。

それと同じように、かつての日本の繊維産業に代表される職場も、暮らしがままならない家からの脱出先であり、嫁入り道具を買い整える資金を貯蓄する場所でもあった。そのような時代を経て、第二次世界大戦後が訪れ、一九五〇年以降の急速な高度成長により、「老後」や「高齢者」の概念がどんどん変化し、繰り下がるようになったのである。

例えば高校進学率は「学校基本調査」によると、前述のように一九五〇年は四二・五パーセントであった。いわば中卒の時代であった。それが現在は約六〇パーセントの人間が大学に通うようになり、その他の多くの若者が専門学校などに通い、教育年齢も長くなり、そして働く期間もとても長くなっている。主な労働力が一五歳、一八歳で就職した時代は、五五歳で定年退職し、その後定年は六〇歳となったが、いまや企業は六五歳まで雇用を保障せねばならない時代となっている。

しかし、第一章、第六章で述べたように、中小企業ではもうとっくに七〇歳まで雇用し

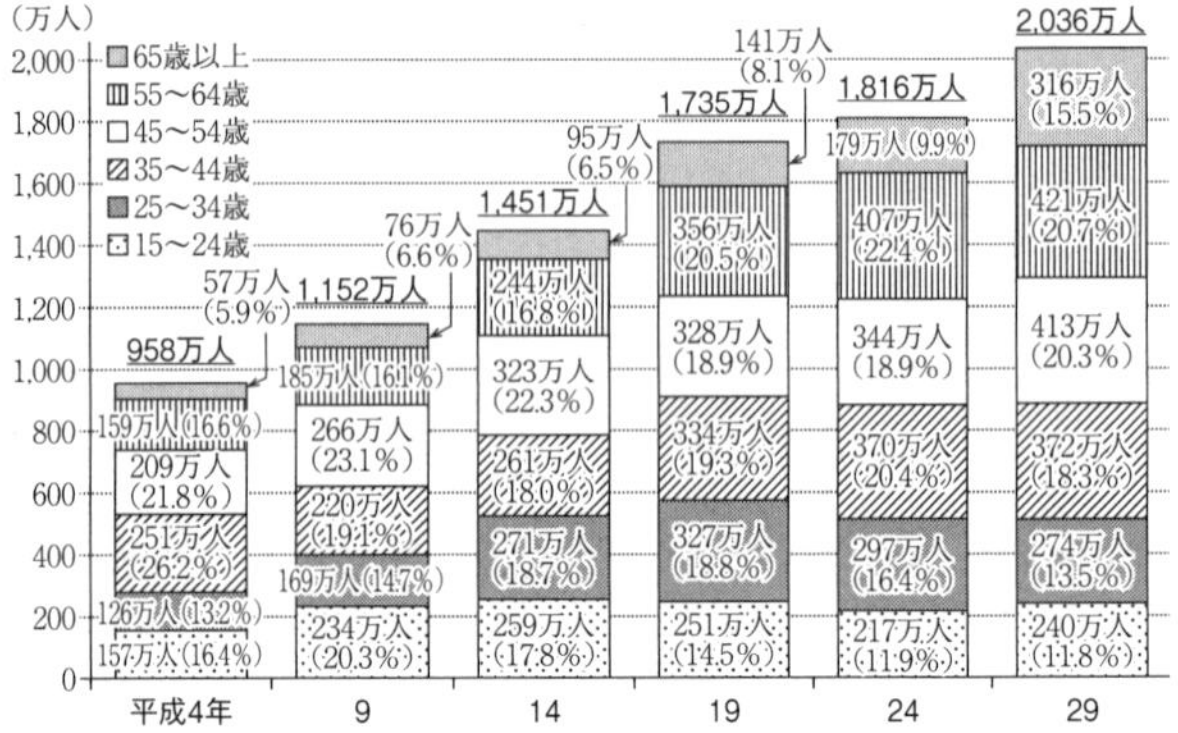

図4　非正規雇用労働者の推移（年齢別）
資料出所　平成9年までは総務省「労働力調査（特別調査）」（2月調査）長期時系列表9表、平成14年以降は総務省「労働力調査（詳細集計）」（年平均）長期時系列表10

ており、NCやCADの優れた技術を持っていれば七〇歳を超えても採用される（ハローワークに行けばすぐわかることだ）。

†積極的選択としての「非正規雇用」

また一部の論者から「不本意な雇用」の被害者として同情されている、非正規雇用に関して言うと、これも前述と重なるが二〇三六万人の一五・五パーセントの三一六万人が六五歳以上であり、五五歳から六四歳となると二〇・七パーセントの四二一万人に達している（図4）。彼らの多くは決して「不本意」な雇用関係ではない。少ない年金の足しになればよい、と思っている人も多数存在する。また判断力や俊敏さの衰えを自覚し、仕事への責任を軽減されたいと考えている人間もたくさんいるのだ。

総務省の調査（平成二九年）によれば「不本意な非正規」の雇用は全体の一四・三パーセントである。二〇〇〇万人の一四・三パーセントという数字は大きな固まりであると私も思うが、だからといってそれを企業や国の責任とするのは無理がある。本人の職業選択の自由は守られなくてはならないし、同時に企業の採用の自由も守られねばならない（表4）。

	人数（万人）	割合（%）
全体	273	14.3（▲1.3）
15〜24歳	21	9.3（▲1.8）
25〜34歳	57	22.4（▲2.0）
35〜44歳	51	14.5（▲2.3）
45〜54歳	60	15.4（▲1.5）
55〜64歳	58	14.8（▲0.6）
65歳以上	27	9.2（＋1.0）

表4　不本意非正規の状況
資料出所　総務省「労働力調査（特殊系列：詳細集計）」（平成29年平均）第Ⅱ-16表

ただ、採用の現場を取材した率直な感想としては、「よくぞこんな学生を雇ってくれる。よほど人手不足なのだろう」と思うことがあり、商工会議所での講演の後で、三〇名〜五〇名といった規模の会社の経営者と一杯酌み交わしているときなどに「こういう若者（学生）を雇って仕事を教えるのは大変だろうな、といつも思って、採用する中小企業に頭が下がります」と話すと、経営者たちはみな大きく頷く。

そして「仕方がないのです。新卒はそういうレベルしか来ません」と途方に暮れているのが実態だ。

もっとも採用側も大学教育にさして期待はしていない。最低限、会社が求める、会社の規則が守れて、仕事上のレポートが書けて、仕事を覚えようとする意志があればよい、という寛大さである。

学校の側としても、卒業生として送り出すとき「製造物責任」「品質管理」「消費者保護」といったことは念頭にない。

†長い人生で働くということ

一八歳人口が二〇〇万人を超えていた時代と一一〇万人の時代では、定員割れをしている大学の学生のレベルの低下は目を覆わんばかりである。もちろんそういう大学でも、上位の五パーセント、一〇パーセントの学生はとてもしっかりしている。問題なのは、上位の学生へのフォローがなく、学校を休んでばかりいて、勉強をまったくしない学生への対策に大学全体が追われていることにある。それでも就職をする意志のある若者はまだよい。かれらは自活しようとしている。

中小企業対策も同じである。やる気のある人々（企業）を支援することが大切なのに、やる気がなく、ダメな企業への対策に熱心なのが実態だ。つまり社会政策（福祉）が中心で、よい会社を成長させ、全体を前に進めるという産業政策が不在なのである。誤解を怖れずに言えば、福祉が充実している社会はどこかに極端な課税など無理がある。大切なのは、福祉を可能にする生産性の高さであろう。福祉を支えるお金を稼ぐことができなくては何事も始まらないのだ。

また、二〇一五年、一六年、一七年、一八年といった景気拡大期の日々を見ていると、働く者がこんなにも恵まれているのは、一九六〇年代の後半から一九八〇年代の後半までの二〇年間以来であると思うのだ。

もちろん勢いを喪った産業もあるが、有効求人倍率が一・五を超えているということは、転職の機会はとても開かれているということだ。そして問われているのは、長くなった人生をどのように過ごすかということだ。安穏な日々が待っているわけではないことはみなわかっている。要するに働かねばならない。しかし同時に言えるのは、働くということは、社会（他者）と関わり続けるということであり、とても大切なことである。

2　無形の資産こそが大事

†人の寿命と企業の寿命

　二〇一六年の大ベストセラーであるリンダ・グラットン／アンドリュー・スコット『LIFE SHIFT』の副題は「一〇〇年時代の人生戦略」とある。前述のように寿命が五〇年の時代と一〇〇年の時代では人生は大きく異なる。実に巧みなタイトルである。この本から、大事と思える箇所を二、三引用してみよう。

「人生が長くなるほど、アイデンティティは人生の出発点で与えられたものではなく、主体的に築きうるものになっていく」

「一九〇〇年、インドの平均年齢は二四歳、アメリカは四九歳だった。一九六〇年、アメリカの平均年齢は七〇歳まで延びたが、インドは四一歳にしか延びていなかった」が、「二〇一四年、インドの平均寿命は六七歳に達した」とある。インドの統計がどれだけアテになるのか知らないが、とにかくこういうことである。

平均年齢を支える（長期化させる）主な条件の一つは経済環境である。栄養価の高い食事を摂り、エアコンを含め各種の家電製品など、よりよい生活環境に囲まれ、優れた医療に恵まれれば、寿命が延びるのは当たり前だ。日本で言えば、江戸時代の将軍よりも現代の庶民のほうが、はるかに快適で恵まれた暮らしをしていると言えよう。

一方、企業の年齢を見てみよう。「一九二〇年代、アメリカの代表的な株価指数であるS&P五〇〇を構成する企業の存続年数は、平均六七年だった。二〇一三年、この年数は一五年短縮している」「イギリスでは一九八四年に主要株価指数FT一〇〇を構成していた一〇〇のうち、今も構成企業にとどまっているのは三〇社に過ぎない」とのことである。

日本の場合は、一〇〇年企業がどんどん増えているが、アメリカとイギリスはそうではないようだ。産業の発展・変化が激しいのか、それとも廃業してハッピーリタイアメントを志す企業家が多いのかはわからないが、企業は短命化しているようだ。そうなると破綻したフィルムメーカーのコダックのように「お祖父さんの代からコダックに勤めている」といったエピソードは少なくなるだろう。

しかしお祖父さんの代、親の代から同じ会社（お店）に勤めている企業は日本の地方にはたくさんある。私は二〇一五年、二〇一六年と人口四万人の備後・府中市を拠点として地域経済の調査を行ったが（『世界を動かす地域産業の底力』二〇一六年）、人口四万人の町に六〇社を超える一〇〇年企業があり、それぞれが日々成長していた。むろんその多くは家族経営が中心だが、親戚などが連綿として仕事に従事している。

†リカレント教育と転職

また『LIFE SHIFT』は長期的によい人生を送るために、「変身資産」としてリカレント教育（生涯学習あるいは、新たに学校に通い学び直すこと）や、サバティカル（長期に職場・仕事から離れて、勉強やボランティアに従事すること）などの必要性と費用について述べているが、本書の第四章のOさんやNさんはリカレント教育の典型例である。

そして第五章で紹介した職業訓練所で新たな技術を身につけたり、事務能力を学んだりすることも当然、リカレント教育と呼ぶことができる。つまり普通の庶民は、知識人が教える前にそんなことは実行しているということなのだ。

高卒だったから改めて大学へ行くとか、大卒だが大学院へ行く、といったことだけがリカレント教育ではない。大学の公開講座やいわゆるカルチャーセンターなどもまた立派なリカレント教育である。新しい人生のステージをどのように生きるかは、みな考えていることだ。成長するということは、自分に何が足りないかを理解することである、と言いかえてもよい。

新たな学びの場に行くことによって、「高校時代や大学時代に今のように勉強に集中すればよかった」と述べる多くの社会人と私はたくさん出会ったが、もちろん私もその気分の代表であった。しかし誰でも学ぶことの必要性は社会に出てから初めて理解できるものなのだ。

「はじめに」で述べたように、自分への投資が基本なのである。

まず庶民たちの、自覚、無意識などのさまざまな「LIFE SHIFT」という現実があって、知識人は後付けで、それを「概念化」しているのである。

ただ、ここでも強調しておきたいのだが、一般的な「転職論」の本などを読んでいると、転職の事例や研究は必ず正社員を念頭に置かれて書かれているということである。例えば都市銀行に勤めていた人が、リクルート系など転職紹介機関によって、製造業の中小企業の総務部長になった、といった話はとても多い。事実、私も静岡にあるホンダの協力メーカーに聞き取り調査に行ったとき、同席してくれた総務部長さんは、信用金庫の支店長を経験した五〇歳になったばかりの人だった。中小企業診断士の資格や、社会保険労務士、日商簿記の一級や不動産取引主任といった資格はもとより、なによりも多くの企業に出入りし、主な取引先だった中小企業経営の相談窓口も経験していたので、人事管理や経理そして経営戦略などの知識、経験もあり社長さんの相談役としてぴったりの人だった。

あるいは大阪で中規模の病院の総務部長さんと会ったときも、その人は銀行の支店長代理を務めた人だった。事務能力も折衝能力あるいは人事管理能力も優れた人だった。彼らに共通するのは「つぶし」が利くところにあった。たぶんこのような事例はとても多いと思う。ただ、私に言わせると、こういう事例だけではなく、すでに二〇〇〇万人を超えている非正規社員の存在を考えたとき、正社員から非正社員、あるいは非正社員から同じく非正社員、という「転職」の事例も多いという理解をすべき時代がやってきていると思う。六五歳から七〇歳まで働くにしても、五年という時間は決して短いものではない。そこには「働く必要性」が存在しており「正規」か「非正規」かという身分以前のことである。

†無形の資産を大切にすること

ただ『LIFE SHIFT』が「資産」の築き方について、有形と無形を挙げ、無形の資産の大切さを述べているのは重要なことである。私は「はじめに」で自己投資の重要性を指摘したが、自己投資の多くは無形である。同書は次のように言う。

「資産はしばらく存続する可能性がある反面、たいてい何らかの形で価値が下落していく。使用したり、放置したりすれば、価値が減少するのだ。したがって資産には、慎重なメンテナンスと投資をする必要がある。このように考えれば、友人関係や知識や健康を資産の一種と位置づけるべく理由が理解できるだろう。友情や知識は一夜で消失はしないが、十分な投資を怠り、友達と連絡を取らず、知識をリフレッシュしなければ、いずれ価値は下がり、ついには消失してしまう」

この指摘は重要である。市場では売買できないこの無形資産こそ、長いステージを生きねばならない現代において、最も重要なものである。すでに前述したが私はいつも「バカはバカとしか出会えない」とはっきり言う。絶えず自分を向上させること。友人とはいつも会うこと。連絡を絶やさないこと。そのためにお金を惜しまないこと。いつも本屋に通い、よい本を探すこと。新聞や雑誌の本の紹介や映画の紹介に目を通し、よい本、よい映画を見逃さないこと。あるいはインターネットによる検索でもよい。また旅をしてさまざまな場所を知ることも大切だ。知識の基本はリベラルアーツであって、専門はその次にくる。専門を学ぶ背景となるのはあくまでもリベラルアーツである。

†自己啓発よりもリベラルアーツを

率直なところどうでもよいのは、自己啓発本と蓄財のノウハウ本である。「ハーバードでは……」「東大の先生は……」とか「一流の営業マンは……」とか「私はこうして何々になった」といったタイトルの本はそれだけで読む意味がない。そんな書名を掲げる神経を持つ人間はそれだけで信用ならないのである。むろん人脈をつくるためのパーティや名刺交換会などはもっとくだらない。本物の人間関係は生涯を通して蓄積されるものである。

私はここでリベラルアーツと言える必読書を紹介すべきかもしれない。例えば日本人の本に限って紹介しても、福沢諭吉『新訂　福翁自伝』(一九七八年)、池田潔『自由と規律』(一九六三年)、小泉信三『読書論』(一九六四年)、第五章で触れた杉本鉞子《えつこ》の『武士の娘』、猪木武徳『自由の条件』(二〇一六年)、渡辺京二『逝きし世の面影』(二〇〇五年)とか、梅棹忠夫『文明の生態史観』(一九九八年)、三谷太一郎や司馬遼太郎の一連の著作など……と、きりがない。どんなに絞っても最低一〇〇冊くらいにはなる。しかもなぜその本なのか、という説明をするとそれだけで一冊の本になってしまう。それゆえこの場では止める。

ただ、自由とか民主主義とか公平とか福祉といったことは、みなが働くことによって経済活動が活発になり、その結果として部分的に成り立つ「贅沢品」であることはもっと自覚してもよい。

新聞や雑誌で三〇年近く書評することを仕事の一部として生きてきたので、よい本との出会い方はわかる。まず自分の好きな著者（作家）が、誰の本を引用し参考にしているか。また各人の本の参考引用文献に共通して登場するのは誰か。また引用文に納得したらその原本にあたること。そして優れた文章は、最初のパラグラフを読むだけで「誰を対象にし、何を伝えたいのか」がわかるものである。

むろん本も読まない、映画も芝居も見ない、旅行もほとんどしない、という生活も悪いものではない。ただ、話題が狭い関係はつまらないものである。

終章

ただ日々を生きることの大切さ

1　不安醸成と未来予測

†「不安醸成業者」の存在

さて、本書もそうだが「仕事」や「働き方」「転職」「転換」「定年」といったテーマは「教育」と同様に、それぞれの人に「体験・経験」があるので、口角泡を飛ばすには絶好のテーマである。

また「不安醸成業者」というか「不安醸成論者」というべき存在がジャーナリズムにはたくさん存在する。特に「暮らし」「職業」「教育」といったテーマは、人を不安な気分にさせたり、脅かしたりするのにも絶好である。誰でもが若干の経験やそれに基づく意見をもっており、かつ「自分は」という「比較軸」をもっているので、飛びつきやすいのである。

藤田孝典『下流老人』(二〇一五年)などという本もあるが、「困っている人」「備えが不十分」だと思っている人はたくさんおり、そこにつけ込むのである。だが事例紹介などを読むと、登場するAさんやBさんはどう読んでも「架空」の人物である。例えば、大涯孤独なのに、九〇〇万円もかけて自分の墓を買い（誰がお参りに行くのか）、心臓病などの二回の手術で数百万円を使うとか、個室に入院し、と書いてあるが、一泊いくらの差額ベッドに入院したのだろう。現在の健康保険制度だと手術などは八万五〇〇〇円までが本人負担だが、この人は三〇〇〇万円も持っていて、国民健保にも入っていなかったのだろうか。で、持っていた三〇〇〇万円がなくなったというような、どう考えても不自然で奇妙な「下流への転落事例」が出てくる。

しかもこの本によると、高齢者の九〇パーセントが下流化（生活保護水準）する可能性があるとのこと。だが、九〇パーセントならそれは平均ということであり、上流も下流もないだろう。全員が一〇〇パーセント同じ境遇などという社会は存在しない。

それと同時に、人々の中には、他人が困っていることを知り、自分の境遇と重ねて「安堵」するという心理もあったりする。ただ、多くの「論」に共通するのは、論者がみな自分の人生を設計できると思い込んでいることだ。そして驚くべきことは、自分が天下国家に方針（政策）を示せる立場にあると思い込むと同時に、自分に他人の人生の進路（指針）を示すことができると思って発言している人が多いという事実である。そこには無数の

「べき論」が溢れている。

「不安を醸成」することを仕事としている人間はいつの時代でも存在するが（またニーズもあるが）、「不安を食い物にするには」もう少しみな、事実を踏まえて発言すべきだろう。前述のAI論者と同様である。

†無責任な予測が生み出される構造

また、これも前述のAI論者がそうであったが、無責任な予測も大きな問題である。ただ、確かに予測は難しい。言うまでもないことだが、経済学には、例えば景気予測の方法がある。その一つは嶋中雄二氏らが唱える「景気循環論」である。

三年から四年程度の短期の循環であるキッチン・サイクル、次に一〇年前後の周期の中期循環のジュグラー・サイクル、さらに二〇年〜三〇年周期の長期循環であるクズネッツ・サイクル、そして超長期としての五〇年〜六〇年周期の長期波動のコンドラチェフ・サイクルの四つの周期的な循環が、それぞれ重なったり、ズレたりすることによって成り立っている。

在庫投資循環（キッチン）からインフラ投資循環（コンドラチェフ）までの循環論の詳細

とその根拠は、嶋中氏の『第3の超長期』（二〇一八年）にお任せするが、嶋中氏の説明はたくさんの過去のデータを丹念に点検した結果、現在と将来を説明しているのでとてもよくわかる。むろんこれまでも嶋中予測は何度か外れている。しかし、嶋中氏が他の論者と異なるのは、外れた場合は、その原因をきちんと自ら説明をし、自説の修正をしているところにある。

それに対して、人口減によって経済の規模は縮小する、したがって移民や労働力の移入は避けられない、あるいは高齢化社会がますます進行するので「下流老人が増加する」とか「新しい階級社会」が出現しつつあるといった議論がある。また、生産年齢人口（一五歳から六四歳）が減り、産業が不活発になり、さらに国債が飛躍的に増加（国の借金の増大）するので、急激なインフレがやってくる、製造業は途上国の産業だ——といった各種の長期（未来）予測と警告がある。

これらは、社会や経済を成り立たせているたくさんの要素の中から、特定の現象に焦点を当て、それを根拠に未来を論ずるという「単純がゆえにわかりやすい」理論なのだが、それゆえ信用がならないのである。しかも予測が外れても、彼らはその反省も修正も行わない。

例えば、トマス・マルサスは「人口は幾何級数的に増加するが、生活資料は算術級数的にしか増加しない」と唱えたが、その後の事態はマルサスの説を全て裏切っている。しかし、マルサスのお先棒を担いだ人間は何の反省もしていない。日本の戦前・戦後の人口が七〇〇〇万人の時代に「日本はこんなに狭い国土なのに人口が多すぎる」という理由で、移民を奨励した政策の根拠も、同様の理解からだった。

あるいは一九七二年に発表された、ローマクラブの資源危機論を根拠とした「成長の限界」も同様である。こちらもお先棒担ぎたちは、口を拭っている。現在の人工知能論の寵児たちも同様の道をたどることははっきりしている。

また労働力に関しても、二〇〇六年の雇用者（役員を除く）は五〇九三万人で、そのうち正規雇用は三四一四万人。非正規雇用一六七八万人だったが、一一年後の二〇一七年には雇用者数は五四六〇万人。そのうちの正規雇用は三四二三万人、非正規は二〇三六万人となっている。圧倒的に増加しているのは非正規だが、増加の内実は六五歳以上の就労人口の増加が多い（労働力調査から）。つまり「生産年齢人口」の内実・概念が変わってきているのである。

七〇歳以上がどの程度の就労数なのかのデータはないが、七〇歳以上の就労が多くなっていることは間違いない。一九五〇年代の七〇歳と現代の七〇歳はまったく異なっているのであって、「下流老人が増加する」などという議論は簡単にはできないということがこの点からもわかるだろう。

†仰天すべき「四〇歳定年制」

また四〇歳定年論などを主張している人の文章を読んでいると、全員が自分のことは棚に上げていることがわかる。例えば、アスリートや芸術家、といった職業の場合は特別の才能が必要なのはみなわかっているが、普通のビジネスパーソンの日々となってくると、どの会社にもある平凡な仕事のように思えることでも、個々人にとっては唯一の固有の日々であることが理解できないのだ。デタラメを含めてまさに百家争鳴である。

鳩山・菅という最悪の宰相を生み出した民主党が、そのあと野田内閣を組閣したが、二〇一二年に柳川範之東大教授を部会長に、国家戦略会議フロンティア分科会の中に「繁栄のフロンティア部会」というものが設置された。その報告書（二〇一二年七月）は「四〇歳定年制」という仰天すべきものだった。

これは入社から二〇年目以降であれば労使が自由に定年を設定できるようにすべきだ、

という主張だったが、その理由は、「みんなが七五歳まで働くために」労働者の移動の自由化と円滑化が必要、ということである。今だって移動は自由である。退職をしたければすればよい。「定年」という強制退職を早める必要はまったくないのである。

世界の先進国がみな年齢制限を撤廃しているときに、民主党（柳川範之氏）は強制退職を早期に行うという暴言を「報告」したのである。もちろん四〇歳は転換期であり、そこで退職し人生を転換させるのもよいし、三五歳で転換するのもよい。しかしそれは個人の人生設計であって、国が勝手に設計し、強制退職を迫るというものではない。

ただ、このように百家争鳴が成り立つのは、多くの人にとって働くことは「人生」そのものであったりするからである。以下、若干「百家」の言説を見てみよう。それは野村総研並みのひどさと、逆に「賢者」の言葉とも言える素晴らしいものとに分かれる。

2 人生は設計できない

†企業と国家の能力は「有限」である

大切なのは発言者の責任である。エコノミストも政治家もさまざまな学者も評論家も、自らの言論に責任を持つという姿勢が問われている。何度も繰り返すが「知」に対する誠実さと真摯さが問われる。そして私は、特に自分が正義であると思っている人の発言は危険ですらある、と思っている。「よくないもの」を否定したからといって、「よいもの」が生じるとは限らない。もっと悪くなるのがオチである。

資本主義を終焉させねばならない、などと叫んでいる水野和夫氏（『国貧論』二〇一六年）の本などを読んでいると、資本主義の否定としてのソ連や中国がどれほど素晴らしいと思っているのか聞きたくなる。四〇〇〇万人、五〇〇〇万人と粛清（殺害）されたソ連や、一九五八年から六一年にかけて行われた中国の「大躍進」は、農業と工業の大増産計画だったが、結果は一六〇〇万人から二七〇〇万人の餓死者をだすという大惨事となった。それを強行した毛沢東は自己批判を迫られ、その恨みとして文化大革命（一九六六年から七六年）を起こし、今度は一〇〇〇万人を超える人間が惨殺された。

これが水野氏の言う「資本主義の否定」の結果である。市場経済がどれほど不完全で修正の余地があるにせよ、それは人間の持つ勝手さと不完全さの反映であって、「他の仕組み（体制）と比べてよりまし」であることは、すでに多くの人々によって語られ、実証されていることである。

ジョージ・F・ケナンの名著『アメリカ外交50年』（一九五二年）には、一九三五年に書かれた、ジョン・V・A・マックマレーという外交官の覚書が紹介されている。それによれば、アメリカが日本との戦争に突き進んでいる危険性を次のように警告している。「かかる戦争においてわれわれは目的を徹底的に貫通したにしても、それはロシアにうまい汁をすわれるだけであり、山ほどの新しい問題をつくるだけである」と述べ、次に「中国を助けたからといって」「かれらはわれわれに対して何ら感謝することがない」としている。ケナンはこの指摘を引用した後、戦後になって、（アメリカは）「これらの地域から日本を駆逐した結果」「日本が直面しかつ担ってきた問題と責任を引き継いだのである」とまで述べている。

日本の軍国主義の程度の低さや、戦後になって自らが戦争責任者を処罰することのなかった日本には、多大な責任が戦後に関してもあると私は思っているが、ただ、「悪いものを否定すればよいものが生じる」ということではないということをケナンによって学んだ。なお、この論議に関しては北岡伸一氏の『門戸開放政策と日本』（二〇一五年）で詳細な議論から学ぶことが大であった。

大切なことは特定の数字を利用して、社会を否定することではない。また以下で述べるが、人間や企業、そして国家というものにできること、可能なことは「有限」であって、それは理想やイデオロギーを押しつける対象ではない。

†階級社会はいつできたのか

例えば、ベストセラー『新・日本の階級社会』（二〇一八年）を著した橋本健二氏は、「週刊東洋経済」（二〇一八年四月）で、次のように主張している。

「バブルの終わり頃から、新卒でフリーターになってそのまま非正規であり続ける人々が生まれ」「同時に階級間格差も拡大し、階級社会としての姿が相当明確になってきた」「米国でも非正規労働者層が拡大したり、解雇されやすくなったりして、マジョリティの白人男性が貧困に陥っている。つまりアンダークラスは特殊な人々を指すのではなく、労働者階級の最下層部分であるという見解が強まっていて、私もそういう言い方をしている」

そうした状態に歯止めをかけるために、と橋本氏は次のような提案をする。まず生活保護を簡単に受給できるようにし、財源の一部の自治体負担をなくして、「全額、国の負担に」して「積極的に貧困層を掘り起こせ」という。また並行して「労働時間を短縮し正社員の数を増やすこと。そうすれば非正社員のかなりの部分が正社員になり、貧困から脱出する」。また非正規は「賃金が低すぎるために貧困に陥っている」ので「最低賃金を大幅に引き上げたほうがよい」。

近年の「格差論」「階級論」「貧困論」「下層論」を述べる人たちに共通する「提案」である。しかし現実はどうだろう。正社員と非正社員の内実はすでに述べた通りである。橋本氏の指摘は事実とかけ離れている。では他の主張はどうだろう。内容を点検してみよう。

まず「バブルの終わり頃から」とはいつのことだろう。一九九〇年がバブルのピークであり振り返ってみると九一年からが長期停滞の始まりだった。しかし「終わり頃」の八九年、九〇年そして九一年は、有効求人倍率は二〇一七年、二〇一八年に近いほど高かった。特に新卒への求人は殺到し、学生は「企業の選び放題」であり「非正規」の問題は生じてなかった。企業はその後、長期停滞に入ってから、八九年、九〇年、九一年頃に採用した「バブリッ子」の程度の低さを嘆き始めたが、むろん採用責任は会社側にある。

また長期停滞（最初は「失われた一〇年」と言われた）が現実化したのは、アジア通貨危機（一九九七年）前後からの銀行の不良債権問題の顕在化した後からだった。

橋本氏がいうような「バブルの終わり頃から」という事実はなかった。なお、非正規の

	男女計			男			女		
	実数	対前年増減	割合	実数	対前年増減	割合	実数	対前年増減	割合
非正規の職員・従業員	2016	36	—	648	14	—	1367	22	—
自分の都合のよい時間に働きたいから	514	22	27.2	148	10	25.0	366	12	28.1
家計の補助・学費等を得たいから	403	15	21.3	77	6	13.0	326	10	25.1
家事・育児・介護等と両立しやすいから	229	10	12.1	6	0	1.0	223	10	17.1
通勤時間が短いから	76	6	4.0	20	1	3.4	56	5	4.3
専門的な技能などをいかせるから	139	−9	7.3	70	−3	11.8	69	−6	5.3
正規の職員・従業員の仕事がないから	296	−19	15.6	147	−10	24.8	149	−9	11.5
その他	235	1	12.4	124	4	20.9	112	−2	8.6

表5　現職の雇用形態についた主な理由別非正規の職員・従業員の推移
資料出所　総務省『労働力調査年報』（平成28年）

拡大論の虚構については海老原嗣生氏がいくつもの本で繰り返し指摘しているので、私はこれ以上述べない。ただ、非正規の多くは退職者で六〇歳を過ぎており、またフルタイムではない主婦と学生のアルバイトが圧倒的であることが事実である（第五章図3・第七章図4参照）。

†月五万円で働く人々は危機にあるのか

橋本氏が「転職者」のカテゴリーを「正規社員」から他企業の「正規社員」への転換として理解するのは、「働き方」をあまりに狭く考えすぎている。正規から正規へ、非正規から正規へ、非正規から他の非正規へという移行もまた転職なのである。

　そして非正規の彼ら・彼女らの多くは、必ずしもフルタイムを望んでいない。週に二日か三日。あるいは一日に五時間、六時間という勤務でよいという人がとても多い。学生はもとよりのこと、主婦や年金受給者にしても同様である（表5）。

　年金の受給者の場合で言えば、現在、厚生年金の平均受給額の月額は約一四万五〇〇〇円。男性の場合、受給している人の高額受給者は月額で一八万円から一九万円だが、数として多い層は九万円から一二万円である。生活保護よりも若干少ない。もちろんそれだけではカツカツの生活である。貯蓄があれば取り崩せるが、それも限度があろう。しかし彼らの多くは月に五万円、六万円といった賃金で働いている。これは「下層への転落の危機」ということになるらしいが、いったい、世界のどこに国民全体が今日、明日への不安なく幸福に暮らしている国家があるのだろう。自分の暮らしを守るためなら、短時間でも働くという人々の発想と行動こそ健全である。

　また橋本氏の「米国でも……」の主張については、本書ですでに述べたように、一九五〇年代から六〇年代にすでにアメリカの一部の地域では、製造業などの安定した産業が衰退し始めており、六〇年代の終わり頃から七〇年代のはじめには子どもが親の教育歴を超え、就業先が変化する「階層間の移動」が難しくなり始めていた。そのような現実をきちんと描いているアメリカの社会学の長期の調査・実証をもう少し丁寧に点検したほうがよい。

橋本氏の主張する「解雇されやすくなったり」とはどういう事実に基づいているのだろう。例えば米国の解雇基準の一つである、レイオフの仕組みなどは会社側の一方的な決定ではない。それは働く側（労組）の要求でもあった。

†残業を減らして正社員を増やせるのか

あるいは日本での「解決策」としての、生活保護策の改善案や、労働時間を短縮して正社員を増やせといった主張、さらにまた最低賃金の引き上げ論となると、もはや暴論である。もちろん労働時間の短縮は喫緊の課題だ。あちこちで主張されているように、会社にいる時間を最低一一時間は空けるインターバル制度の導入などは当然のことである。また三六協定の上限などはもっと短くてよい。しかし同時に注意すべきは「残業代を稼ぎたい」とする個人的事情による「生活残業」への従業員の意志そのものを問題とする必要がある。しかも職場には家に帰りたくない人もいるのが現実だ。

しかしそれにしても残業を減らして正社員を増やせなどという意見は、企業経営の現実や職場・仕事の実態とあまりにかけ離れている。企業は社員を選ぶ権利を持っている。例えば、最低賃金にしても、企業の側は「時間あたり八〇〇円ならば君を採用するが一〇〇〇円ではいらない。君にはそんな価値はない」と内心思う場合もある。もちろん私も最低賃金は絶対に必要だと思う。労働力は他の経営資源と異なり、人間としての尊厳があり、人として生きる権利がある。ただ、同時に企業の側にも選ぶ権利があることを否定できない。

首都圏、東海圏、関西圏といった人口密集地帯では、二〇一八年の春は実質で時間給は一〇〇〇円を超えている。しかしこれは法律ではなく、景気動向による労働力不足の結果である。むろんとてもよいことだ。月額にすれば残業しなくとも一六万円を超える。充分ではないが暮らすことはできる。むろん社会保険に入り、家賃を払ったらカツカツであることは理解できる。

しかし企業の側もまた、「よい労働力」「成長意欲のある労働力」を血眼で探している。酷なことを言うようだが、勤労者もまた「採用される能力」を身につけねばならない。むろん企業も同業他社との競争に勝利するためには、社員の能力開発につとめねばならないのは当然のことだ。

だがもともと企業もそして国家も、果たせる役割は「有限」である。格差論、貧困論を主張している論者たちは、企業や国家のもつ「能力の有限性」について語ることがない。国家は国全体で稼いだ生産性の合計を超えて無限に国民の福祉を負担することはできない。橋本氏が主張するように、貧困を「掘り起こし」をしたりする必要はないし、それは有害ですらあると思う。国家が国民全体を管理したソ連型社会主義の悲惨さと失敗を振り返る必要があろう。高坂正堯《こうさかまさたか》氏がかつて「慈善は自発的だが、救貧となると権力がからみ強制的という色彩が加わる」と指摘しているがまったくである（高坂正堯・香西泰『歴史の転換点で考える』一九九四年）。

†生活保護とパチンコ屋

例えば生活保護の実態を見ていると、給付金の支払日に市役所の職員がパチンコ屋に出向いて、生活保護費でパチンコをすることについて注意をする、といったことが報じられているが、注意をする市役所職員もうんざりしていると思う。

国（行政）による救済が進めば、その救済政策が確実に実行されているかどうかの点検

（監査）が必要になってくるのは当然である。したがって、パチンコ屋で見張る、という「プライバシーへの介入」が生じるだろう。それはけしからんことではなく、やむを得ないことである。

私は世界の福祉事情（各国の政策）を知らないが、まだ日本の一九五〇年代並みの貧しさを生きている国を歩いていると、日本がどれだけ恵まれているかわかるので、「下流」とか「貧困」とか「格差」を叫んでいる人の「善意」と「正義感」が理解できなくなってくる。特に生活保護を受けている人間への医療保障など、日本は充分に恵まれている。パチンコ屋に行くことが可能な体力があるなら数時間でも働くべきだろう。

年金は保険料を払わなければ受け取れないが、生活保護は自己負担なしに受け取れる。国民全体が生活保護をためらわなくなれば（橋本氏が言うように掘り起こす必要すらなくなる）、年金制度そのものが崩壊しよう。もちろん病気や身体的な障害などによって働くことのできない人を救済するのは当然のことだ。ただ大切なのは、働けば報酬を得られる、というインセンティブである。

野村総研が実際の職場・仕事を調べない、知らないことによりレポートを成り立たせているように、橋本氏は、実際の雇用関係や人々の暮らし方を点検することなしに、牽強付会な「論」を述べているのである。

それは景気動向や経済の長期予測をする人たちも同様である。例えば、日本の財政は借金漬けであり、国民一人当たり何百万円の借金をしていることになる。だから大変だ、という意見がある。しかしそう発言する人は、それは国民一人当たり何百万円かの債権を所有しているという側面があり、ギリシャのように外国に借金をしているわけではないことを無視するだけではなく、日本は多額の外国への債権を持っている(外国に金を貸している)、ということを無視している。インフレが生じたら大変なことになる、との指摘(予測)を一〇年以上もしている人もいる。むろん彼らの指摘(予測)は「いつかそうなる」ということだから、「いつかは当たる」ということなのだろう。もちろん景気は循環しているから、いつかは後退期が訪れるのは当然である。

経済や政治について考えると、その日々を生きている者にとって五年、ましてや一〇年という時間は相当に長い。「無限」「永遠」と言ってよいものである。つまりそれは予測の対象にはならない。介護保険や年金、医療といった「制度」がいつも揺れ動いているのは、長期予測そのものが外れて揺れ動いているからである。「当たるも八卦、当たらぬも八卦」の予測で人生を選択する者などいないと言ってよい。第一それを予測している人物自身がそのように生きていない。

彼らは資本主義のメリットをあからさまに享受しているのに、資本主義を罵倒・批判することにためらいがない。

むろん、もともと個人の知識は限られている。それゆえ誰でも自己の限界の中で発言する。だから異なった他者との討論が必要なのだが、発言者に求められるのは可能な限りの「知的誠実さ」であろう。いやそれほど立派な話ではない。簡単に確かめられることくらいは確かめてから発言したらどうか、ということである。

かつて高坂正堯が「悪い議論に反発してもよいものは生まれない」と、東京裁判にかかわる議論に関して語っていたが確かにそうである（『現代史の中で考える』一九九七年）。そうした意味でこの章での各論者への異論は「悪い議論への反発」でしかないという自覚は私にもある。雇用、仕事、教育、格差、貧困、階級……といった相対比較のテーマは、誰もが部分的な「真理」と「思い込み」を持っているので、声のでかい人間の意見がまかり通りやすいものなのだ。

†志と夢と仲間を持て

人生もまた同様だ。長期の設計などできない。働き、苦労し、人と出会い、新たに学び、いつの間にか思いがけない人生を送ることになるのが一般的な生き方だ。

仮に最初に就職した会社に四〇年勤めたとしても、二〇歳のときに予測していた職場人生は大いに変化しているはずである。技術革新が進み、社会環境・職場環境が変化し、また社会の価値観も変わる。

むろん「志《こころざし》」を持つことは重要だし、若き日に「夢」を持つことはとても大切だ。志や夢を持ち、走っている人は素晴らしいと思う。ましてやその夢・志を果たした人間は賞賛に値する。

ただ、志も夢も長期予測と同様に外れたり、修正されたりする。繰り返しになるが、人間は自ら成長することによって、一八歳、二〇歳の頃の「夢」を修正する。それは成長によって新しい夢を持つと言いかえてもよい。また実際に働くことによって人は成長するので、その結果、職場・会社という「器」と自分が合わなくなってしまったりもする。それは子どもが成長することによって、衣類の丈が合わなくなることと似ている。

もちろん人々の働き方によって、職場の周辺や会社自身が変化する場合もある。特に優れた経営者が登場すると会社は劇的に変わる。

「転職」はその結果の一つでもある。実際に働くことによって、自分の可能性を考え直したり、新たな「夢」を見始める。

もちろん失敗する転職も無数にある。「前の会社のほうがよかった」という後悔も取材の中ではいくつも見受けられた。ただ、その原因は共通している。「今の会社の現実の否定」から出発する転職は失敗例が多い。人間関係を含め、あれがイヤ、これがイヤ、という発想からの転職は失敗につながる。自分はどういうことをしたいのか、というきちんとした意志を持った転職・転換でなければならない。もちろん会社のダウンサイジングでリストラにあったりした場合は別である。そのときはよりよい退職条件を勝ち取るために闘ったほうがよい。自分を成長させ、企業が欲しがるスキルを身につけることが肝心だ。そのためには勉強する時間とお金が必要である。

しかし結局のところ、自分のアイデンティティを支え、絶えず自分を成長させる揺らぐことのないリベラルアーツを身につけ、よい友達をたくさんつくることが肝要だ。

定年論、老後論のほとんどが、基本的に貯蓄のすすめである。生涯賃金二億円をどのように配分して生活するか。どのように投資をするか。生命保険のこと。住宅ローンとその返済。病気の可能性。年金の額……。そこには心配の種以外何もない。しかしそんなものはほとんど無意味である。

どのような仲間たちと、どのように生きるのか。日々の時間をどのように過ごすのか、が問われる。

転職がうまくいった人に共通するのは、学ぶ力を持ち、人間関係をうまくつくれた人である。もちろん技術や技能あるいはさまざまな資格、そして対人管理能力は大切だ。むろん賃金が高い職場のほうがよいとは言える。しかし賃金を構成する要素は多面的である。

仕事が同じでも企業によって処遇が異なるのは、企業の持つ組織能力が異なるからである。競争力というのはそういうものだ。そのような中で、自分はどう生きるかが問われている。

「あとがき」にかえて

終章でも述べたように、新聞や雑誌で長く書評をしている関係で、その時代のトレンドをいつも目にしている。近年は圧倒的に高齢化論と格差（貧困）論、そしてＡＩ論が書店の店先をにぎわしているが、そのほとんどの本で欠落しているのが、著者自身の「身の処し方」の現在である。ＡＩ論の場合は実証が欠落している本が多い。

格差論や貧困論、階級論を述べている人たちには「あなたがちゃんとやっているように、みなちゃんとやってますよ」「自分は市場経済を満喫しながら、世を憂いているのは、みっともないですよ」「偉そうにあなたは何様ですか」というのが率直なところである。

普通の庶民、働き者たちは、いつも、「働くというのは辛いものだ」「生活というのは大変なことだ」「しかし仲間がいるのはいいものだ」「たまに楽しいことや喜びもあるね」、といった日々を生きている。そしてその「仕事や暮らしの日々」が長くなっていることを知っている。

耳を傾けるべきは、ノンエリートたちの「沈黙の雄弁術」とも言うべき日常の領域であろう。

本書は、私の馴染みの話し相手であり、いつも着想をもたらしてくれる山野浩一さんの助言によって始まっている。他の仕事にかまけて何年もとりかかるのが遅くなってしまい、インタビューをした人たちに完成を待たせてしまったことを悔いているが、編集長の松田健さんの最後の励ましによってここまできた。

いつもの散歩道である、神宮外苑絵画館前の銀杏並木の葉がすっかり落ちた頃から書き始めて、今また濃い緑に覆われ、並木はよい木陰の道をつくっている。出会ってから五〇年を過ぎる妻・宏子とその道を歩きながら、どれほどたくさんの人からの厚意と支援によって支えられてきたかを噛み締め、自分たちのいたらなさを振り返っている。

引用参考文献

阿部正浩、菅万里、勇上和史編著『職業の経済学』中央経済社、二〇一七年
新井紀子『ＡＩ vs. 教科書が読めない子どもたち』東洋経済新報社、二〇一八年
池田潔『自由と規律——イギリスの学校生活　改版』岩波新書、一九六三年
井上智洋『人工知能と経済の未来——二〇三〇年雇用大崩壊』文春新書、二〇一六年
猪木武徳『増補　学校と工場——二十世紀日本の人的資源』ちくま学芸文庫、二〇一六年
猪木武徳『自由の条件——スミス・トクヴィル・福澤諭吉の思想的系譜』ミネルヴァ書房、二〇一六年
Ｊ・Ｄ・ヴァンス『ヒルビリー・エレジー——アメリカの繁栄から取り残された白人たち』関根光宏、山田文訳、光文社、二〇一七年
梅棹忠夫『文明の生態史観　改版』中公文庫、一九九八年
海老原嗣生『雇用の常識　決着版——「本当に見えるウソ」』ちくま文庫、二〇一二年
大久保幸夫『キャリアデザイン入門１（基礎力編）』日本経済新聞出版社、二〇〇六年
大久保幸夫『日本型キャリアデザインの方法——「筏下り」を経て「山登り」に至る14章』日本

経団連出版、二〇一〇年
大鹿靖明『東芝の悲劇』幻冬舎、二〇一七年
尾高煌之助ほか編『日本経済史6』岩波書店、一九八九年
北岡伸一『清沢洌――日米関係への洞察』中公新書、一九八七年
北岡伸一『門戸開放政策と日本』東京大学出版会、二〇一五年
リンダ・グラットン、アンドリュー・スコット『LIFE SHIFT――100年時代の人生戦略』池村千秋訳、東洋経済新報社、二〇一六年
ジョージ・F・ケナン『アメリカ外交50年』近藤晋一、飯田藤次訳、岩波現代叢書、一九五二年
小池和男『仕事の経済学　第三版』東洋経済新報社、二〇〇五年
小池和男『日本産業社会の「神話」――経済自虐史観をただす』日本経済新聞出版社、二〇〇九年
小泉信三『読書論　改版』岩波新書、一九六四年
高坂正堯、香西泰『歴史の転換点で考える』講談社、一九九四年
高坂正堯『現代史の中で考える』新潮選書、一九九七年
嶋田賢三郎『責任に時効なし――小説　巨額粉飾』アートデイズ、二〇〇八年
嶋中雄二『第3の超長期――ゴールデンサイクルで読み解く2025年』日本経済新聞出版社、二〇一八年
城山三郎『官僚たちの夏』新潮社、一九七五年

杉本鉞子『武士の娘』大岩美代訳、ちくま文庫、一九九四年
竹内慎司『ソニー本社六階』アンドリュースプレス、二〇〇五年
中沢孝夫『世界を動かす地域産業の底力――備後・府中100年の挑戦』筑摩書房、二〇一六年
野口悠紀雄『大震災からの出発――ビジネスモデルの大転換は可能か』東洋経済新報社、二〇一一年
橋本健二『新・日本の階級社会』講談社現代新書、二〇一八年
ロバート・D・パットナム『われらの子ども――米国における機会格差の拡大』柴内康文訳、創元社、二〇一七年
濱口桂一郎『若者と労働――「入社」の仕組みから解きほぐす』中公新書ラクレ、二〇一三年
福沢諭吉『新訂　福翁自伝』富田正文校訂、岩波文庫、一九七八年
藤田孝典『下流老人――一億総老後崩壊の衝撃』朝日新書、二〇一五年
藤本隆宏『現場から見上げる企業戦略論――デジタル時代にも日本に勝機はある』角川新書、二〇一七年
細井和喜蔵『女工哀史　改版』岩波文庫、一九八〇年
松尾豊『人工知能は人間を超えるか――ディープラーニングの先にあるもの』角川EpuB選書、二〇一五年
圓生和之『一番やさしい地方公務員制度の本』学陽書房、二〇一六年
水野和夫『国貧論』太田出版、二〇一六年

村上由美子『武器としての人口減社会――国際比較統計でわかる日本の強さ』光文社新書、二〇一六年
八代尚宏『「健全な市場社会」への戦略』東洋経済新報社、二〇〇七年
山田久『失業なき雇用流動化――成長への新たな労働市場改革』慶應義塾大学出版会、二〇一六年
山本茂実『あゝ野麦峠――ある製糸工女哀史』朝日新聞社、一九六八年
横山源之助『日本の下層社会　改版』岩波文庫、一九四九年
吉川洋『人口と日本経済――長寿、イノベーション、経済成長』中公新書、二〇一六年
吉川洋、八田達夫編著『「エイジノミクス」で日本は蘇る――高齢社会の成長戦略』NHK出版新書、二〇一七年
労働政策研究・研修機構編『データブック国際労働比較2017年版』労働政策研究・研修機構、二〇一七年
渡辺京二『逝きし世の面影』平凡社ライブラリー、二〇〇五年

ちくま新書
1351

転職《てんしょく》のまえに
――ノンエリートのキャリアの活《い》かし方《かた》

二〇一八年八月一〇日　第一刷発行

著者　中沢孝夫（なかざわ・たかお）
発行者　喜入冬子
発行所　株式会社 筑摩書房
東京都台東区蔵前二-五-三　郵便番号一一一-八七五五
振替〇〇一六〇-八-四一二三
装幀者　間村俊一
印刷・製本　株式会社 精興社

乱丁・落丁本の場合は、左記宛にご送付ください。
送料小社負担でお取り替えいたします。
ご注文・お問い合わせも左記へお願いいたします。
〒三三一-八五〇七　さいたま市北区櫛引町二-六〇四
筑摩書房サービスセンター　電話〇四八-六五一-〇〇五三

ISBN978-4-480-07169-9 C0236